居住福祉叢書②

ひと・いのち・地域をつなぐ

社会福祉法人きらくえんの軌跡

市川禮子 著

東信堂

はじめに

本書は、社会福祉法人きらくえん理事長の市川禮子さんの、1993年から2013年までの約20年間の著作、講演録や取材インタビュー等を集約すると共に、順次建設された五つの特別養護老人ホームにおける「進化」をたどることで、「きらくえん」が行ってきた高齢者福祉の本質を明らかにするものである。市川氏は30年あまり「人権を守り、ノーマライゼーション実現する」という理念を貫いて、高齢者福祉施設「きらくえん（喜楽苑）」の運営に携わってきた。この間、高齢者福祉は、さまざまな名称や制度がめまぐるしく変わった。たとえば、かつて「痴呆」と呼ばれたものは「認知症」に、「看護婦」は「看護師」に、介護職員のこともかつては「寮母」と呼ばれていたなどである。ちなみに行政用語の「痴呆」が「認知症」に変わったのは2004年12月24日付の厚生労働省老健局長の通知以後である。高齢者施設への入所も、かつては行政の「措置」に拠ったが、今では2000年4月に開始した介護保険制度によるものがほとんどである。

本書では、執筆や講演の当時の状況の言い方、統計数字はほとんどそのままにした。市川さんが老健局長の通知より前に書いた部分では「痴呆」が用いられている。本書は必ずしも時系列による構成ではないので、「痴呆」と「認知症」という言葉が多少前後している。

また、きらくえんに入居していた高齢者のエピソードも15〜20年前のものが多く、ほとんどの方がすでに亡くなっている。しかし、特別養護老人ホームに入居しているお年寄りが近所の居酒屋に行って一杯やるとか、故郷に旅行する「ふるさと訪問」とか、音楽会で演奏するとか、の事例は、施設職員やボランティア、家族会等の協力で現在も続いているものであり、これらのエピソードはその原点に当たるものである。

なお、「喜楽苑」から「きらくえん」への法人名称変更が2007年に行われたので、本書での表記もそれに準じている。

「きらくえん」を先行事例に、制度化されたものも多い。たとえば、特別養護老人ホームの「個室ユニットケア」は今や特養の「標準装備」となり、阪神・淡路大震で被災した高齢者・障がい者のためのケア付き仮設住宅は「障がい種別を超えた住まい方」のモデルとされている。しかし、介護保険制度など制度化が進むにつれ、居住施設の設計、入居条件、施設の人員配置などの規準が厳しくなった。また、行政に提出する書類の増加などにより運営そのものが窮屈になった面がある。入居者の重度化につれ、居酒屋に行ったり「ふるさと訪問」で旅行したりする機会も少なくなったという。

「きらくえん」の運営は、こうした新たな課題に直面しながらも、過去の経験を積み重ねたノウハウと一貫した理念に支えられており、本書で述べられた話はけっして「昔話」ではない。「人権を守る」という変わりのない理念のもとで、時代の変化や技術の進歩を注意深く見守り、新しいものを取り入れながら進化し続けており、そのような高齢者を介護するための実践的なノウハウや技術、福祉施設の経営論が本書にはぎっしり詰まっているのである。そして、「守るべき人権」は、介護や見守りといった処遇をうける高齢者だけでなく、その家族や介護を担う職員、ボランティアなどすべての関係者に対するものも同じである。

本書は、前記のように、市川禮子さんの著作や講演、また、神野による市川さんへの聞き取り、各苑への訪問取材、きらくえん発行の冊子等を整理・編集し、市川さんの監修を経て上梓するものだが、初出の著作や資料からの主な引用は以下のとおりである。

第Ⅰ部は、基礎編として、主として比較的古い市川さんの三つの著作から再構成した。元は、ブックレット、講演録、シリーズ本の一部であったが、重複した部分を避けるなどの編集作業を行い再構成したものである。

- 『ああ、生きてる感じや！――喜楽苑がめざすノーマライゼーション』（自治体研究社、1993年7月）
- 「高齢者と人権――喜楽苑のノーマライゼーションの取組みを通して」（1999年2月24日開催の同和問題啓発講師団フォローアップ研修会並びに第五期同和問題啓発リーダー研修会での講演録、大分県・大分県同和問題啓発推進協議会）
- 「高齢者と福祉文化」（一番ヶ瀬康子・川畠修編、日本福祉文化学会監修　実践・福祉文化シリーズ第1巻『高齢者と福祉文化』所収、第3章、明石書店、2001年6月）

第Ⅱ部は、主に以下の四つの著作を参考に、市川さんへの聞き取りや「きらくえん」発行の冊子などを活用して編集した。

- 「震災の記憶――震災下の特別養護老人ホーム喜楽苑」（『季刊TOMORROW』第10巻第4号通巻38号特集　震災の記憶、報告1、財団法人あまがさき未来協会、1996年3月）
- 「日本の高齢者福祉と阪神・淡路大震災」（『識見交流』特集「老い」の新たな視点：【現場から】具体的な報告と提言、2002年夏）
- 「個室、ユニットケア化へ　特別養護老人ホームが加速・特集01インタビュー「『人生の完成期』を支える施設とは　『けま喜楽苑』までの18年を苑長の市川禮子さんに聞く」（『TOTO通信別冊』2002年夏）
- 『つなぐ――高齢者の人権を守って4半世紀――』（編集：25周年記念誌編集委員会、社会福祉法人きらくえん、2008年11月15日）

第Ⅲ部は、高齢者総合福祉施設きらくえんの現状や経営実態、未来への展望を述べたものである。神野による各苑の取材と共に、以下の二つの著作やきらくえんが作成した資料等を参考にした。

- 日本看護協会神戸研修センター平成24年度認定看護管理者制度サー

ドレベル教育課程「医療福祉経営」講義レジュメ（2012年12月3日）

●Feature特集「介護ビジネスの新潮流」（2013August/September神戸商工だより）

きらくえん各苑の職員の皆様には、取材対応や資料の提供などで大変お世話になりました。ご協力を感謝いたします。

神野武美

ひと・いのち・地域をつなぐ――社会福祉法人きらくえんの軌跡／目次

はじめに（*i*）

第Ⅰ部　きらくえんの基本理念 …… *3*

第１章　人権と尊厳を守る―緊急度の高い尼崎の下町で …… *5*
第２章　「ああ生きてる感じや」 …… *19*
第３章　福祉労働の専門性 …… *43*

第Ⅱ部　特別養護老人ホームは進化する …… *57*

第４章　全室個室化とユニットケアへの道程―いくの喜楽苑 …… *59*
第５章　阪神大震災からケア付き仮設へ …… *73*
第６章　復興公営住宅とLSA派遣事業 …… *91*
第７章　福祉は文化―あしや喜楽苑の目指すもの …… *101*
第８章　生命力を萎ませない―けま喜楽苑 …… *121*

第Ⅲ部　居住福祉のまちづくりへ …… *141*

第９章　多世代共生のまちづくり―KOBE須磨きらくえん …… *143*
第10章　福祉と防災のまちづくり―地域社会との連携 …… *155*
第11章　経営改革―準市場競争下での持続的発展 …… *165*
第12章　「きらくえん見守り24」と尼崎・喜楽苑の今 …… *175*

おわりに（*186*）

きらくえんの沿革（*189*）
施設概要（*190*）

取材・編集協力　神野武美

居住福祉叢書②

ひと・いのち・地域をつなぐ

——社会福祉法人きらくえんの軌跡——

第 I 部

きらくえんの基本理念

第 1 章

人権と尊厳を守る

——緊急度の高い尼崎の下町で——

尼崎・喜楽苑の全景。右側の白い建物は2000年に増築した北館

高齢化進行地域の真ん中で

尼崎市の南部、高齢化の進む地域の真ん中にある喜楽苑について説明します。兵庫県尼崎市は大阪市の西淀川区に接し、大阪駅から電車で10分ぐらいの交通至便なところです。その尼崎市の東南部に喜楽苑は立地しています。尼崎市はかつて阪神工業地帯の中核をなした都市で、以前は55万人を超える人口を抱えていましたが、産業構造の変化や生活環境の問題等で若い人たちが流出し、最近では45万人ほどに減りました。

尼崎市は、北部と南部とでは様相がたいへん違っていて、93年4月の時点で北部の高齢化率8.7%に対し、南部は13.2%、小地域でみると20%を超えるところも出ています。しかも今後、75歳以上の後期高齢者と呼ばれる層が、かなりのスピードで増えていくことが予想されています。喜楽苑はこの南部地域の真ん中にあり、独居高齢者もたいへん多い地域です。一人暮らし高齢者の住まいを調査結果（後述の研究調査報告書）でみると、借地も含めて持ち家が37.5%しかありません。全国では60歳以上の高齢者世帯主の持ち家率は77%を超えていますから、この数字がどれほど低いかおわかりでしょう。要介護の方で5年以上寝ておられる方が53%で、家族が長期に介護をしている実態を知ることができます。続いて「ひとり暮らしが困難になったら、施設に入所したいと思いますか？」という質問に対する「はい」が10%です。これは比較的高い数字です。普通の人の頭のなかには「養老院」というイメージがまだ強くありますから、施設入所に対してはかなり抵抗があるのが実情です。尼崎ではこの時点で700人の方が将来は施設入所を希望していました。では市内にどれほどの特養ホームが整備されているかといいますと、わずかに50床の特養が3カ所で、計150床しかありません。

喜楽苑は1983年に尼崎市内で初めての特別養護老人ホームとして誕生しました。今年1993年にもう1カ所市内に施設ができる予定ですが、現在は市外枠100床を入れても合計で250床しかありません。しかし、この数字では市内の高齢者100人に対してわずか0.47人しか入所できないのです。全国平均の特養ホーム整備率は高齢者100人に対し1.1人です。ちなみにこの数字は1999年のゴールドプラン最終年でも依然1.1人のままでよいことになっています。とても狭き門なのですが、尼崎市は全国水準の半分以下なのです。

喜楽苑は定員が50名で、待機者がいま80人おられます。ホーム利用者の平均年齢が84歳、お亡くなりになる方が年平均6人ですから、待機者の方々は10年待っても入れないことになりますが、途中で老人病院に入る方や亡くなる方もいて、待機期間の平均は2年あまりです。待機者の状況を調べてみたのですが、85歳超が3分の1、なんと最高齢は98歳です。その家族の状況は独居、高齢者だけの世帯、単身の子との同居といった、核家族の家庭が70%にも達していて、待機者の緊急度が非常に高いことがわかりました。

悪条件下工夫を徹底

また、喜楽苑の職員と神戸大学工学部、竜谷大学の社会福祉学部等が協力して、喜楽苑周辺の独居高齢者の調査を約5年前（「高齢者社会における居住条件と福祉に関する研究」大阪ガスグループ福祉財団研究調査報告書、1989年）に行いました。70世帯を訪問し詳しく調べたデータが残っています。それによると、70人のなかで収入について回答した人が61人でしたが、そのうち10人は月5万円以下で生活していました。なかには崩れかけた天井の間から青空が見えるお宅もあって、ネコやイヌがたくさん迷いこんできて、いっしょに暖をとりながら暮らしているという悲惨な家もありました。独居老人の80%の家にはお風呂がありません。この人たちは銭湯を利用するしかないのですが、銭湯はお金がかかります。そこで、老人福祉センターのタダで入れるお風呂だけを楽しみにしているという方も大勢いました。

喜楽苑のできた1983年は、老人保健法の施行年です。病院を追いだされた方が多く、開所時には100人以上の方が殺到しました。現在も80人の待機者がいるのですが、私たちは、緊急性のある方から入ってもらうのが施設の役割だと考えてやってきました。その結果、痴呆性老人（認知症高齢者の執筆当時の呼称）が軽度を含めると全体の80％、40人、そのうち中度・重度の人が66％、33人に達しています。ADL（日常生活動作）の状態も重い人が多いのです。最近では痴呆性老人専用の特養ホームもできておりますが、喜楽苑はそうではない一般の特養ホームでありながらこの数字です。そのため、県のたいへん厳しい審査がありましたが、県下で最初に痴呆性老人のための介護加算がつきました。

短期保護事業（ショートステイ）も実施していて4ベッドがありますが、こちらも365日満員の状況で、年間50人もお断わりしなければならないありさまです。特浴、つまり寝たまま入浴する方は35人に達します。

東京都などは、寮母（執筆当時の介護スタッフの呼称）の加配を大幅に行っているのに、兵庫県は国基準のみで加配はまったくありません。国基準の職員数は50人定員で、施設長以下全職員で23人です。そのうち、直接お年寄りの介護にあたる寮母の配置基準はなんと11人、それに介助員が1人ついて12人です。365日、この人員で24時間体制の介護を行うのはとても無理です。まして喜楽苑のように重度のお年寄りが多い施設では、とうていやれません。そこで私どもは自助努力で寮母を3人追加して、現在は15人でやっていますが、それでも昼間は6人、夜はたった2人で介護にあたらなければなりません。

デイサービスセンターのほうは、近くに新しく老人保健施設ができまして同様のサービスを始めましたので、今少し減っていますが、ついこの間までは多い時で1日25人来られていました。移動入浴車も出しており、1カ月93人の訪問入浴を行っています。通所・訪問事業あわせて年間延べ7千人に利用いただいております。こちらも痴呆性老人が40％を占め、重度の方が多い状況にあります。

こんなに多くの人が利用しているにもかかわらず、建物はというと、喜楽苑はおそらく県下でも一番悪い施設ではないでしょうか。たった1000平方㍍という建設当時の最低基準ギリギリの土地に、上へ積んで建てたところへ、3年後の1986年にデイサービス施設を併設し南側の庭さえなくなってしまいました。建物構造も非常に貧しく、1・2階は暗く、劣悪この上ないうえに四人部屋雑居という、日本の低福祉を象徴するような施設ですが、あきらめず、そのような条件下でも徹底して工夫するということを大切にしようと思いました。

こうした悪い条件下では、職員が「とてもこれではいい介護などできっこない」といってしまえばそれまでですが、「そうあってはならない」と確認したところから喜楽苑はスタートしました。

悲劇を生む「日本型福祉」

喜楽苑は、全日自労（全日本自由労働組合）という労働組合の人たちを中心に地域の人たちの運動で建設されました。現在の敷地は全日自労が市から借りて、戦後、託児所を営んでいた場所です。年月が経ち、自分たちの老後が心配だというので、ここに特養ホームを建設することになったのです。住民運動でつくられたという経過を私たちは大切にしたい、本当に地域の財産になろうという気持ちが職員みんなの胸の内にありました。

私は当時の初代苑長が亡くなったあとを継いで2代目の苑長ですが、最初の5年間は現場の指導員と苑長代行という二つの仕事を兼ねていました。現場から育ったという点で私は、どうしても現場のことが気になるのです。施設という所は恐い一面をもっております。たとえば、「日本型福祉」という意識の浸透で「年寄りは家族がみるべきだ」と思っておられる方が圧倒的に多いですから、施設にお年寄りを預けている家族は施設に対して負い目をもっておられることが多いのです。お年寄り自身も、おむつを換えてもらっている、お世話になっていると大変負い目を感じております。そのうえ、先ほどから申し上げておりますように、職員の配置基準が貧弱ですからとんでもないことが起こることがあります。

2、3年前に、すぐれた施設として有名なところで、実はこんなことが起こりました。ひとつは東京のある施設ですが、寮父（当時の呼称）が痴呆性老人を床にたたきつけるという事件がありました。また大分県の施設では、寮母がやはり老人をたたくという事件が起きました。前者は、痴呆性老人を多く介護しているので有名な施設ですし、後者はおむつはずしで有名な施設でした。このことが新聞に載り騒がれました。あってはならない事件ですが、救いは施設長さんが事件を隠さずに、きちんと分析して二度と起こらないような措置をとられたということです。普通は闇に葬られてしまうこともあるのではないでしょうか。

しかしこうしたことが起こった背景には、施設長の理念遂行のために、職員が疲れ果てていたこともあるような気がします。疲れ果てた職員が、痴呆症の利用者の問題行動に思わずカッとなってこうした事件を起こしてしまったのではないのかと想像できます。それほどどこでも職員は重労働です。

ですから、利用者と同じように、職員の人権が保障されなければいけません。自分の人権を確立して初めて他者の人権も守れるのです。真の人権感覚が職員一人ひとりに必要なことは大切なポイントです。

「人権を守る」三つの柱

私たちは、施設の運営方針の第一の柱にこの「人権を守る」ということを置きました。誰でもこの言葉は使います。けれども、いうだけではなく具体化しなければ意味がありません。そこで「人権を守る」ことについて、さらに三つの柱を立てました。

言葉づかい・目線・挨拶

その一つは、心身がどんな状態になっておられても、またたとえ、四人部屋雑居でも、少しでも「自分の家らしく」ということで、たとえば部屋の入り口に木の立派な表札をかけることにしています。独居生活だった方が入居する時は自分の「家」から表札をはずしてもってきてもらい、「転居ですね、引っ越しですね」とその表札をかける。そういう感覚で入居していただいております。

「人間の尊厳を最後まで守る」ということで、具体的にはまず言葉づかいの問題に取り組みました。人生の大先輩である高齢者に対して、子や孫の世代の職員が命令形、指示形あるいは恩着せがましい言葉づかいで応対するのが、これまでの日本の標準的な施設の姿です。病院の看護婦（当時の呼称）さんも「洋服を早く脱ぎなさい」「薬を飲みなさい」という口調ですね。ところが、自分の親や自分が年下の人たちに命令形、指示形でいわれると腹が立ちますし、情けない。また、「してあげる」という言い方をされると屈辱的です。

実はこういう言い方の積み重ねが、たとえお年寄りが心のなかではどう思っておられようと、「ありがとう」「ありがとう」を繰り返させることにつながります。私は、人間の尊厳を最後まで守るためには言葉づかいが非常に重要だと思うのです。ですから喜楽苑では、できるだけ謙譲語、尊敬語、そして依頼形でお話しすることにしております。「洋服を脱いでもらえませんか」という言い方ですね。依頼形ですと、本人が主人公になり、自己決定を促します。この5年間は「言葉の言い直し運動」をしています。職員のなかにはまだ命令形・指示形でものをいう人が2、3人おりますが、ほとんどの職員が尊敬語や依頼形の言葉でお年寄りに接するようになりました。

次に目線を合わせるということに取り組みました。これは、北欧でも「アイ・コンタクト」といって介護の基本にしていますが、まず目線をキチッと合わせてニッコリ笑いかける。目線は水平か下からです。車椅子の方に前からお話しする時は、寮母は片ひざを床について下から見上げる形になります。食事介助の時も、同じ高さの椅子をもってきて、けっしてエサのように上からお年寄りの口に運ばないようにします。こうすると不思議なもので、お年寄りのほうから話がたくさんでてきます。上からの目線には圧迫感があるのです。

それから居室の出入り時のごあいさつです。喜楽苑もご多分にもれず日本の低福祉を象徴する四人部屋ですが、たとえそうであってもお年寄りにとってそこは生活の場ですから、「失礼します。入ってもいいでしょうか」といって入る。出る時も「失礼しました」といって出ます。部屋を出る時に「用事があったらいつでも呼んでくださいね」と付け加えてくれる寮母もでてきました。

なぜ、挨拶をするかといえば、単に礼儀という面もありますが、人はひとりでいる時他人に見られると恥ずかしい行為をする時があります。たとえば鼻や耳の掃除をするなどです。そんなところを他人に見られたら誰でも恥ずかしいですよね。

ところが「入っていいですか」と声をかけると「ああ、人が入ってくるな」と思ってあわててその行為をやめます。で、人と対峙する姿勢がとれる。だからエチケットとして挨拶をしてから一呼吸置いて入るようにしているのです。こういうことの一つひとつの積み重ねが人間の尊厳を守ることだと思っています。これも、お年寄りの人権を少しでも守れたらと思って始めたことです。

おむつ交換でもプライバシーを守る

二つ目はプライバシーの保護です。四人部屋でプライバシーを守るのは大変ですが、とりあえず「カーテン」にこだわりました。私はいろいろな施設や病院を訪問しますが、採光もよく広々とした快適な施設なのに、忙しいからといってベッド周りのカーテンを有効に使っていない施設がとても多いのです。

最低守らなければいけないのは、おむつ交換の姿を絶対に他人に見られないことです。居室の外では、車椅子の方がほとんどですから、車椅子でもカーテンをくぐって入れるように、四人部屋の入り口にはカーテンがあります（現在は引き戸）。ところが、それだけではプライバシーは守れない。すでにできあがった施設ですから、当時の状況では物理的に引き戸も付けられない。そこで入り口側にアコーデオンカーテンをつけることにしました。そして、ベッドのまわりについているカーテンを徹底して活用するということをみんなで確認し、プライバシーを守ることに取り組みました。

喜楽苑では、おむつ替えは、ベッド周りのプライベートカーテンを360度回しきらないと絶対にしないことにしておりました。ある病院に伺ったところ、カーテンもない雑居部屋にポータブルトイレが置いてありました。つまり、みんなの見ている前でそのポータブルトイレに座るということです。皆さんも病院にお見舞いに行った時にはそういう目でチェックしてみて下さい。そういう場面を私は多く目にしてきました。

職員とは「自分がトイレに入る時は、ドアを閉めて鍵までかける。それなのになぜ、他人の排泄を介助する時に忙しいからといってカーテンを引かないのか。どうしてお年寄りの場合には衆人環視のもとでおむつ替えをして平気でいられるのか」を議論しました。それにより、必ずベッド周りのカーテンを360度きちんと廻らそう。1センチでも開いていたらダメ。プライベートカーテンを回しきるおむつ替えは現在100％定着しております。

さらに心ある職員は、おむつ交換というたいへんな作業をしながら、そのお年寄りが好む話題で話しかけを絶やしません。黙って替えられると恥ずかしいものですから、少しでも緩和しようという配慮です。

言葉づかいを徹底し、カーテンの配慮もした。私はこれでもう大丈夫と思っていたのですが、ある時、あるジャーナリストが喜楽苑のカーテンの話を聞きつけて取材に来ました。カーテンのなかに入ってもらうわけにはいかないので、外からおむつ交換の様子を聞いてもらいました。そしたら「カーテンの中の闘い」というタイトルである雑誌に記事が掲載されました。

その記事に書かれていたことは、ある職員がおむつ交換のためにカーテンのなかに入り、目線を合わせ、にっこり笑いかけて排泄介助を始めるが、ふだん目線が合う人なのにおむつ交換時だけ、目線がそれることに気がついたという話です。いくらカーテンを360度回して他人からは見えなくてもおむつ交換をする「あなたに見られるのが恥ずかしい」から目線がそれるわけです。

それに気づいた職員の対応が次のように記されていました。その若い女性職員は360度カーテンを回した後、排泄介助をしながら、「ねえ聞いて、聞いて」という会話を始めるのです。「きのう初めてアルカイックホテル（尼崎市内のシティホテル）に行って会席料理を食べたんよ」と。喜楽苑に就職したばかりの20歳の職員です。おむつを換えてもらう方も「高かったやろ、おいしかったか」と聞くのです。「うん、高かったけどおいしかった。料理が1個ずつ時間をおいて出てくるねん」という会話があり、ひとしきり笑い合って、話が終わった時にはおむつ交換も終わっていた、という内容でした。

後で聞くと、「恥ずかしい」という相手の気持ちをわかった職員が、少しでもその方の「恥ずかしい」気持ちをそらそうと思い、その方の好きな話題を選んだそうです。関西にはファンが多い阪神タイガースの話を一生懸命しながらおむつを換える職員もいます。少しでも恥ずかしい思いをさせたくない、それが「カーテンの中の闘い」なのです。

入浴は同性介助で

次に入浴時の配慮です。「喜楽苑」では週2回、お風呂に入ることになっていました。重度の方が多く寝たまま入浴する特殊浴槽を使う方が約35人いました。その前に40人いらした時は、ずらっと廊下に並んでもらい、「上だけ脱いで待っていてください」といい、一日中流れ作業でこなしておりました。ベッドで裸にしタオルケットをかけて廊下を突っ走る特養ホームもありますが、私どもはそんなことはしないにせよ、職員からこのようなやり方はおかしいという声が上がりました。

そこで今は、入浴日を週2回と決めるのではなく、日曜を除いて毎日、特殊浴を実施するようにしました。1人が週2回入浴するのは変わりませんが、分散してゆっくり入っていただくようにしました。入浴の介助は、同性介助が基本です。しかし、年々重介護が必要な方が増えているため、介助する側も男性が多くなります。一方、お年寄りは女性の方が多いので、日によって男性が女性を介助しなければならない場合が出てきます。

明治、大正、昭和初期に生まれた女性は肌を見せてはいけない、女はつつましくという文化で育った方がほとんどですから、痴呆症の方が入居されて最初に、男性の職員が入浴介助のために衣服を脱いでもらおうとすると、徹底的に抵抗されます。見ず知らずの異性が自分の衣服をはぎとるわけですから。でも、勤務の関係でどうしても異性の職員が対応しなければならない時もありますが、その時は「すみません。申し訳ありません」と謝りながら異性の職員は髪の毛だけを洗い、同性の職員が体と局部を洗うなど工夫をしてきました。こういうことの積み重ねが日常のなかでプライバシーを守るということだと思っています。

自由な生活――酒もタバコも外出も

三つ目の柱は、自由な生活です。喜楽苑では、施設内では考えられるかぎり自由にしております。酒もタバコも外泊も外出もすべて自由ですし、自分の家から家具を持ち込むことも自由です。できるだけ家庭にいた時と同じように自由にその人らしく生活していただこうということです。

タバコは火事が心配ですが、喫煙場所が少ないとやはり隠れて吸うようになります。吸われる方はそんなに多くはないので、喫煙する人のごく近くに喫煙場所を設けることで隠れて吸う人がいなくなりました。

次に家具の持ち込みの自由についてですが、これまで、特養は暗いイメージをもたれていて、「老人ホームに入るときは三度死ぬ」とまでいわれてきました。“一度目の死”は、自分の介護をしてくれている嫁や娘にこれ以上迷惑をかけたくない。これ以上苦労をかけたくないから死ぬ思いで老人ホームに入ることを決意する。女性の方がこういう意識が強いようで、男性の方は介護者がどんなに苦労していても自分から老人ホームに入るとはなかなかおっしゃらない。老人ホームに入ってこられても「なぜ、わしをこんなところに入れた」と、毎晩電話で家族を呼びつける方も結構多いのです。でも女性の方はやはり、嫁や娘の苦労がわかるのでしょう。「もうこれ以上、迷惑をかけられない。自分が我慢してでも施設へ入る」といわれます。

“二度目の死”は、老人ホームに入ってきてからです。これまで80年間、それぞれが個性的に生きてこられ、一人ひとり違った生活スタイルが当然あったと思います。ところが特養では、職員の勤務時間に合わせた画一的な日課があるわけです。たとえば、寝坊の人や早起きの人、いろいろいますがそんなことはお構いなしに職員の勤務体制に合わせた日課が組み立てられる。自分が80年間生きてきた生活スタイルとまったく違った生活を強いられるわけです。順応性が弱くなった高齢者が環境の激変にさらされるのです。高齢者が死ぬ思いで新しい日課に合わせざるをえません。

そして、"三度目"が本当に死ぬ時だといわれたのですが、私は"四度目の死"があると思います。それは、特養はまだ四人部屋雑居が中心ですから、「部屋が狭いのでなるべく物はもってこないように」と、(施設も福祉事務所も）ダンボールいくつなどと、荷物の持ち込みを制限していたのです。

他人からみれば、ボロボロになったつまらないものでもその方にとっては大切な欠くことのできない思い出の品物であるかもしれないのです。それを全部捨てて、老人ホームに入るということは、自分のこれまでの、たとえば80年の人生を捨てることと同じになりますよね。ですから、私は"四度目の死"だと思ったのです。

そこで喜楽苑では、家具や調度品の持ち込みもまったく自由にしました。できることならば、痴呆症の方は、元、住んでいた家の部屋と同じ家具で囲まれる、元、居た6畳の部屋がそのまま移動してきたような状態にするのが最も落ち着くんですね。喜楽苑にいるある方の例をご紹介すると、もう真っ黒になっているのですが、お嫁入りの時にもってきた桐のタンスがあり、その上に亡くなったご主人の小さな仏壇があったりします。そういう部屋づくりが大事なのです。

ですから喜楽苑の居室は雑然としております。私たちは「置ける範囲でどうぞもってきてください」ということにしていますが、タンスを三つもってこられた時はさすがに隣の方が暗くなってしまうので、場所を代わってもらいました。できるだけお年寄りの気持ちを尊重するよう努めています。自分の電話を引いている方も6人おられます。夜な夜なご家族と長電話をしておられます。希望者は誰でも個人の電話を引けることを、見学者は珍しがられますが、考えたらこんなことは当たり前のことだと思います。

晩酌も自由ですから、寮母室には灘から九州の酒まで一人ひとりの好みに合わせたいろいろな酒が並んでいます。外出も外泊も自由で許可制はとらず届出制にしています。

施設内はそんな取り組みをしていますが、施設外での自由も大切にしております。WHO（世界保健機関）も、高齢者が市民として社会と触れ合うことの大切さをいっていますが、できるだけ地域住民の一人として生きる自由を尊重しようという方針です。デンマークに30年遅れて、最近日本でもようやくノーマライゼーションという考え方が普及してきましたが、私たちはそれを「市民的自由の保障」でもあると解釈し実践しています。

家具で囲まれる

第 2 章

「ああ生きてる感じや」

居酒屋で歌うお年寄りたち

強制収容所でのミケルセンの体験から

現在、社会福祉法人きらくえんの法人理念は「ノーマライゼーション」ですが、この理念が提唱された背景が大変重要だと思いました。これは1959（昭和34）年、デンマークのバンク・ミケルセンという人が提唱した理念です。デンマークでは、「ノーマリーセーリング」といい、英語では「ノーマライゼーション」といいますが、これは戦争と大きな関わりがあるのです。

バンク・ミケルセンは、第二次大戦下のデンマークで反ナチのレジスタンスの闘士でした。第二次世界大戦時、彼はデンマークに侵攻したナチス・ドイツに抵抗し「自由デンマークを」という新聞を配っておりました。ところがそれをナチスに見つけられ、彼はあの悪名高い強制収容所に送られました。

私は1985年にアウシュビッツ収容所へ行ってきましたが、2、3年とても苦しみました。人間が人間に対し、ここまで残虐になれるのかと。ヒトラーは、優生思想の塊ですから、権力を握ると精神障がい者を次々と殺していったそうです。アウシュビッツでは、身体障がい者も役に立たないということで、殺していきました。収容所のなかに入ると最初の部屋は補装具の山、山です。役に立たないということで文句なしに殺していった。諸説あるようですがアウシュビッツだけで殺された人が150万人ともいわれています。殺された人たちの髪の毛だけの部屋もありました。金髪、銀髪、栗色の髪がびっしりと詰まっている部屋でした。ずっと歩いていくと、子どもたちの洋服でいっぱいの部屋がありました。私はかつて保育所の仕事をしていましたから、そこで思わず号泣してしまいました。

そして大戦末期には、アウシュビッツだけでは不足し、すぐ近くにベルゲノウという収容所を建てました。木造で隙間だらけで1つのベッドに8人が横向きに寝かされていたそうです。仰向けになれない。横向きに8人が詰め込まれ、そして、朝になるとゴロゴロと死んでいたそうです。

ちょうど私が行きましたのは8月で、コルベ神父という方が息絶えた日にあたったのです。この神父は、収容所で今まさにナチスによって殺されようとしている若者の身代わりに自分が進み出られたのですね。若者には、故国に彼を待っている家族がいる。自分は神父で家族はいない。身代わりになろうということで進み出られたのです。

しかし、ナチスは簡単には殺しません。地下に餓死牢があって、そこに立ったまま5、6人が詰め込まれ、水一滴与えられずに殺されたそうです。こういう状況のなかで、最後まで骨と皮だけで生き残った人たちは、強い希望をもっていた人たちという話も聴きました。人間にとって希望がいかに大切なことか、希望が生死を左右することもあるのだという話を聴きました。

バンク・ミケルセンもそのような強制収容所にいたことから、この思想が生まれたのですが、彼も強い希望をもっていたのでしょう。戦後、無事復帰し、社会省、日本でいう厚生省の役人になり、そこで知的障がい者の施設で仕事をするようになりました。その施設は、郊外に建てられ非常に立派な建物で、全世界から見学者が絶えなかったほどでした。

しかし、彼はある日、そこで生活する障がい者の様子を見て、ふと気がついたのです。毎日同じ日課が繰り返されていて、雑居部屋に転がされている。この光景はまさに、自分が居たあの強制収容所になんと似ていることか。「私は、戦後再び強制収容所に出会ったのです」と語ったそうです。

それで彼は、「どんなに重い障がいをもっていても、ごく普通の日常的な生活が保障されるべきだ」という理念ノーマリーセーリングを基に1959年法を起草することになったのです。

ノーマライゼーションとは何か？

この話を聞いて思いましたのは、福祉はまず平和でなければ成り立たないということです。戦争ほど反福祉的なものはありません。今、地球は環境問題で、あるいは核の問題で非常に大変な岐路に立たされている。ひとつ間違うと、地球ごと大変な事態になるという20世紀の終わりを迎えて、私は21世紀を本当に平和で、みんなが幸せになれる福祉社会をつくっていく義務があると思います。そんな時、この福祉の世界であの大戦の教訓から出た「ノーマライゼーション」がいわれ出したことは非常に大きな意味があると思います。

ところが、施設内だけ自由でも、それだけで人間は本当に幸せになれるのだろうか、が職員の間で議論になりました。人間は社会的動物といわれ、死ぬまで社会との接触が欠かせないはずですから、私たちは「市民的自由」の実現を考えるようになりました。地域の老人クラブへの加入や趣味の会への加入、そしてあらゆる外出が自由です。市場、商店街、デパート、レストラン、うどん屋さん、ラーメン屋さん、お寿司屋さん、どこへでもお年寄りが行きたいところにでかけます。喫茶店へは毎日昼食後でかけます。そして喜楽苑で飲むのも楽しいのですが、外で飲むお酒はもっと楽しいと、地域の居酒屋へも夕方から繰りだします。大勢で行き騒ぐこともあるし、大勢が苦手の人は1人や2人単位で「個別外食」として職員が付き添って出かけます。

そんな取り組みのなかでこんな光景がありました。大阪のある老人病院で2年半ほどベッドに“縛られていた”男性が尼崎喜楽苑に緊急入居されたのです。老人病院では、少し暴れるからという理由で重度の痴呆症と診断され、ベッドに縛られ、付き添いの家政婦さんにいつもどなられていました。脳梗塞を患い、脳血管性のまだらの痴呆症状が少しはあったのですが、2年半も待って“緊急入居”されました。現在（1999年2月）、喜楽苑では270人が待機しています。震災後は2倍以上に増えました。特養は大都市になればなるほどいつ入れるかわからない状況にあります。

話を戻しますと、仕事をもつ独身の息子さんは合間をみては病院へ面会に行き、「親父が病院で、縛られている姿を見るのは忍びない。早く入れてくれ」と何回も泣きながら喜楽苑に駆け込んできました。そしてやっと入れることになり、みんなで歓迎会をしようと居酒屋に行くことになりました。

居酒屋に行くのは、ボランティアの協力がないと職員だけではとても対応できません。仮に職員を国の配置基準の２倍に増やしたとしても、居酒屋に多くの職員がついていけば施設内は空っぽになってしまうからです。

当初は、居酒屋の開店を早くしてもらい、喜楽苑の人たちだけでビールやお酒を飲んでワイワイガヤガヤやっていたのです。そんな時、ある職員が私に「苑長、居酒屋へ昼間行くのはノーマライゼーションではありませんね。普通の生活じゃありません。やっぱりネオンがチカチカ輝き出してから行かないと感じがでません」といいました。「ああ、それもそうやねえ」と、今では、お酒を飲む外食ツアーはいつも夜になってから行くようにしています。痴呆症の方の手を引いたり、車椅子を押したりしながら夜の居酒屋へ行くわけです。尼崎の下町ですから、居酒屋さんもそこは心得ていまして、「喜楽苑様ご一行」と外に張り紙を出してくれます。そして、そこで地域の方と小唄や民謡やカラオケを共に歌いながら飲み、お友達になる。そして友達になった地域の人たちが、今度はボランティアとして喜楽苑に来て下さるようになりました。

先ほどの病院でずっと「縛られていた」男性の歓迎会を居酒屋でやった時の話に戻ります。お元気な頃はお酒が好きだったと息子さんに聞いていたので、居酒屋にご案内したのですが、入居者自治会長による「乾杯」の音頭でその男性がビールをぐっと飲み干し、グラスを置いたとたん「ああ、生きてる感じや！」と大きな声で叫ばれました。この言葉をお聞きして、私は涙が出るほど感動した記憶があります。

「受容」と「共感」に徹する

こういう取り組みのなかで「痴呆症の方にもノーマライゼーションを」が私たちの合言葉になりました。

喜楽苑がこのように、痴呆症の方を大らかにお受けすることができるようになるきっかけとなった事件が二つあります。両方とも弄便の話です。

一つは、まだ若い非常に重いアルツハイマー型痴呆症の女性の例です。この方は、喜楽苑の１階から４階までの非常階段すべてに便を塗りたくるとか、夜は絶対に寮母室でしかおしっこをしない方でした。これに手を焼いた寮母は、最初、怒って命令形・指示形でこの方に接しておりました。「また、なんでこんなことするの！」と叱っていたのです。しかしご自分は何も悪いことをしたつもりがありませんから、叱られて余計に攻撃的になり寮母をひっかいたりしまして、ある夜中の2時ごろ、寮母が私の自宅に電話をかけてきました。その方が暴れて手に負えないというのです。騒いでいる声が受話器を通して聞こえてきました。「もうとても介護できない」と、手首にみみずばれをこしらえた寮母がいうものですから、私もこれはもう限界かなと思いました。現在の職員配置の状況では、こういう方をみるのは不可能かと判断をしまして、ご家族の方をお呼びして話をいたしました。

ご家族の方は引き取るのをたいへんいやがりまして、結局、すこしでも良い精神病院を探しましょうということになりました。病院が決まって喜楽苑を出るというその前日にある寮母が、「精神病院へ入ったら、暴れる人は必ずベッドに縛られます。それを思うといたたまれなくて」というのです。そして、「今まで苦労してきたのだからもう一度やってみよう」ということになりまして、それから必死で工夫しました。

家族に面会を増やしてもらったり、精神科の医師の診察や意見をお聞きしたり、「外出」に万難を排して2時間も付き添ったり、話しかけを絶やさず女学校時代の歌を唄ったりしました。この女性は寝る方法を忘れてベッドに横になることがわからず、夜中にウロウロしていたのです。寮母が一緒に横になって初めて「寝る」ポーズがわかったのでした。次第に問題行動が少なくなりました。

また、精神活動のはっきりしている他の利用者も、この方に心ない言葉を投げつけていたのですが、寮母が「受容」に徹し、やさしく対応する姿をみて、その利用者に次第に穏やかに接するようになりました。寮母は利用者の鏡でもあることがその時よくわかりました。そしてその方は次第に落ち着かれ、柔和な美しい笑顔で過ごされるようになり、「外出」もなくなりました。五年後に亡くなるまで看取ることができて本当に良かったと思うと同時に、この方こそ私たち職員の師であったと思っております。

二つ目の事例ですが、80歳後半の女性で体が健康でいい便をする方でした。その便を丸めて団子状にしてベッドの枕の下に置くクセをおもちでした。和菓子屋さんの奥さんだったということですから、なるほどとうなずけます。空き箱など近くに置いておこうものなら、そこへせっせとおだんごのように端から詰めていきます。おかげで部屋へ入りますとたいへんな臭気です。この時も寮母が盛んに叱るのですが、ご本人はおだんごを丸めていると思っておられますから、叱られる意味がわかりません。叱られるたびに腹を立ててはぐちゃぐちゃにしてしまいます。当時はよく汚れた敷布などを捨てました。でもある時、寮母がこう話しかけたのです。「いやあ、おいしそうなおだんごやねえ。私にも一つちょうだい。他の人にも分けてあげたいから全部ちょうだい」と。そうするとスッとおだんごをくださったのです。こうなると後は手を洗えば済みます。それ以後はそんな対応をしたからでしょうか、弄便がピタッと止みました。当初のわれわれの対応が悪かったのですね。この方はその後、お正月に家族が帰省させたいと迎えにきた時も「ここが良い」とベッドの柵をつかんでいやがり最期まで喜楽苑で穏やかに過ごされました。

痴呆症の方に対しては、その方がどんなにおかしなことをいっても、その方の今の世界に共感する。共感的対応というのが一番大事です。共感する、そしてその思いを受け入れる。アルツハイマー型老人性痴呆についての研究も進んできているようですが、治る薬はまだない。でも、いい介護によってかなりその状況は変わってくる。受容に徹する。共感的対応によって「ここがどこかも、周りにいるのが誰かもわからない。息子の顔も娘の顔も忘れてしまったけれど、みんながやさしくしてくれて何となく雰囲気がいい。安心して居(お)れるところだな」というふうに思ってもらった時には、徘徊はなくなりますし、弄便もなくなります。この16年間(1999年時点)の経験で、問題行動と呼ばれる行為が介護の質によって変わる、ということを経験しました。徘徊も、私たちは「外出」「お散歩」と呼んでいます。本人の立場に立つとやはり何か目的があって出かけられるのです。非常に不安な気持ちでいる場合は「ここが果たして自分がいるべきところなのだろうか、もっと自分のいるところが他にあるのではないだろうか」ということで、「家へ帰る、家へ帰る」という、いわゆる徘徊をされるわけです。

薬の服用は慎重に

喜楽苑では、痴呆症の方が入居されたら、まず薬の服用をいったんやめてもらいます。夜、ずっと起きて歩き回る特殊な興奮状態にある時など一時的に数日間、薬を使うことがありますが、まずできるだけ薬は使わないという方針です。すると仮面状態で入ってきた痴呆症の男性が、痴呆症ではあるのですが元気が出て表情が豊かになり、寮母を叱りつけるようになったとか、またある女性はすばらしい川柳を作るまでに回復するケースもありました。秋田市にある今村病院の痴呆性老人専門治療病棟では、約250人の老人に薬の投与を止めたら、そのうち101人の痴呆症状が改善されたという話を聞きました。薬は両刃の剣だと思います。

次に、日常的な生活リズムがきちんととれるようにします。私は以前保育所の仕事をしていましたから、日常生活のリズムをきちんと確立することが人間にはたいへん大事なことと考えてきました。食事・睡眠・排せつがきちんとできることは、子どもでもお年寄りでも大切です。それがきちんとできるようになると、不眠や便秘がなくなり、そこへ適度な運動が加わるとご本人はたいへん快適な気分になられます。気分が快適だと痴呆の問題行動もどんどん減っていくのです。

痴呆症の方には「受容」つまり相手を受け入れる会話を心がけることがたいへん重要です。一つひとつの申し出に応えていくのが、専門職の大事な仕事と考えています。次にそうした事例をご紹介しましょう。

お年寄りが外へお出かけしたいという時は、天気の良い日は一対一で付いていきます。それでも、スルッと玄関の前を頭が見えないようにかがんで出る方もいますし私どもが気づかない時もあります。またどうしても手が割けないこともあります。喜楽苑の前は直接道路ですし、徘徊のできる庭もありませんから、どうしても地域のみなさんに面倒をみていただかなくてはなりません。

このことは、家族と職員とで侃々諤々の議論をしましたが、最終的に家族会が、家庭にいても人間は危険に遭遇する可能性がある。命の危険にさらされることのないよう配慮してもらうことはもちろんだが、それよりも、あるかないかの危険をおそれるあまり施錠して閉じこめたり、縛ったりして365日みじめな生活を送るよりも、仮に危険があったとしても、364日を人間らしく楽しく過ごすほうが良いのではないか、という結論に達して家族のご理解をいただきました。

痴呆症の方は夕方からお出かけになる方が多いものです。夜は危険なので職員はこういいます。「家へ帰りたいといわれても、あいにく今日はストで電車が動いていませんよ」「駅へ聞いたら事故で電車が止まっているそうです」と。それでも強くお帰りになるという場合があります。その時は、「帰るのでしたら荷物をもって帰ってくださいね」といって重い荷物をしっかりつくり肩へ背負ってもらいます。そのうえで「長いこと皆さんにお世話になったのだから、ごあいさつして帰りましょう」と申します。重い荷物を背負って各部屋を回っていただきますと、たいてい2部屋か3部屋目で「しんどいから明日にしますわ」と坐り込んでしまわれます。

「権威好き」には医者の格好で

権威のお好きな方には、職員にお医者さんの白衣を着てもらったり、幻覚・幻視の方にはおまじないを壁に貼って、恭しく厄除けをしてみたりとさまざまな対応をいたします。1992年9月のNHKテレビの敬老の日特集で「今日もお散歩でっか」というタイトルで喜楽苑の実践が紹介されました。そのなかでも映りましたが、喜楽苑という工場へずっと働きに来ているつもりで、もう働くのがいやになったと怒っているお年寄りがおられました。この方には、退職届けを書いていただき、受け取りました。

アルツハイマー型痴呆は、女性の方に多いのですが、女性の方は外へ出ていくとき、必ず「里へ帰る、里へ帰る」とおっしゃるのですね。これが男性の場合は「結婚して暮らしていた自分の家へ帰る」つまり、女性にとっては実家がいちばん心の安らぐ場所だったのですね。明治の女性が置かれていた時代的背景がうかがえます。

前にも述べたように喜楽苑では、徘徊を「外出」と呼び、夜以外はいっさい、鍵はかけません。いつでも外へ出られるオープンな施設です。もちろん、開設後16年の間には何回も出て行かれて行方不明にもなり、捜索願を出した人もいます。

近所の200軒にビラを配り理解や協力のお願いをしたり、出かけられる方の後をつけて、その方の行動パターンを探ってみたりといろいろ苦労しました。もちろん出かけられると危険はあります。町の真ん中にある施設ですから自動車も走っています。ですから、事務員がついていったり、「困ったら電話してきてね」と実習生やボランティアに電話代をもたせたりしています。でも相手もさる者で、付いてこられることはうっとうしいのですね。だから、事務室のある玄関前を通る時に頭を下げて見えないように出かけていくのです。それでハッと思った時には行方不明になっている。いちばんひどい時には、1年間に50回も捜索願を出したことがありました。尼崎の喜楽苑は、JR尼崎駅から徒歩10分のところにあるのですが、その途中に大きな尼崎東警察署があり、そこで必ず保護されるのですが、迎えに行くと、とうとうお巡りさんに怒られてしまいました。

「危険やないか、鍵かけてきちんと閉めておかんといかんやないか、わしらもあんたとこの年寄りばっかり追いかけておるわけにはいかんのや。尼崎は特に犯罪の多いとこや、鍵かけて閉じこめておけ」と、怒鳴られたのです。お年寄りが千船という阪神電車の駅前派出所で保護されて迎えに行った時は、私とお巡りさんが珍妙なけんかを演じました。「カギかけてくくっておけ」といわれたので、私もがんばって「この人をくくってしまったら、痴呆がどんどん進みます。お巡りさんは市民の安全を守り、幸せを守るお仕事ですから、これからも是非よろしく頼みます」とやったのです。

「いちばんボケやすいのは公務員でっせ！」

当時、喜楽苑には、生活相談員をしていたひどくアクティブな男性職員がいまして、「外出」した入居者を警察に迎えに行くたびに怒られるものですから、とうとう頭にきて「そんなこというけどなあ。おまわりさん。いちばんボケやすいのは公務員でっせ」と言い返しました。そしたら、お巡りさんたちもだんだん心配になってきて、やさしくなったということです。ある研修会でこの話をしたら、話を聞いていたある市民の方からすごいギャグが飛びました。「ほんで痴呆（地方）公務員いうんや」。あくまでギャグですから怒らないでください。

それからはよく協力していただいております。近頃では、お巡りさんも理解者で「あんたらも忙しそうで大変や。もうわしは、あんたとこの痴呆症の人の名前も顔も年も全部覚えてしもた。あとで、印鑑だけもってきて調書に判押せや」などといってくれたり、歩いていたお年寄りを警ら中に見つけて連れて来てくれたりします。興味ももってくれまして、『喜楽苑だより』というニュースを毎月もらいにくるお巡りさんも出てきました。

近所の市場やスーパーの人たちも、いつも認知症の方々が買い物に出かけているものですから、顔を覚えてくださって、「ちょっと、あんたらまだ知らんの。また出てはったよ」っていって連れて来てくれるんです。また遠いスーパーから「今、試食食べ歩いてはるの知ってる」って電話がかかってきたり、いろんなことがありました。しかし、ここ数年は、捜索願を出す件数が年に2、3件程度に減りました。

外出する痴呆性老人の方は一定の体力をおもちで、しかも瞬間瞬間のことはおわかりになります。お腹がすいた、のどがかわいたという時に、どこかでSOSを発信されるものです。ある時、滋賀県の大津まで行ってしまわれた方は、郊外の駅で電車を降りてあたりをさまよっておられました。いなかのことでどのお宅もカギなんかかけていません。ある家のなかにあがりこんで、ちゃぶ台の上に準備してあった夕飯をすっかり召し上がったところへ、家族のみなさんがお帰りになった。「ああ、お帰り！」と迎えたものですから、家族のみなさんはビックリ仰天した、というおもしろいエピソードも残っております。

私は、どこかでお出しになるSOSに信頼を寄せております。老人ホームが山のなかにありますと、林に迷い込み谷に落ちるなどの恐い事故も考えられますが、幸いにも喜楽苑は街のなかにありますから、先ほどお話ししましたようにいろいろな方が声をかけてくださる。そのことがあって、これまで何とかことなきを得ているわけです。でも本当をいいますと、いつも危険は感じております。ですから、常に一対一で職員を配置できる体制がほしいと切実に思っております。

顔を覚えてもらえた「外出」老人

幸いなことにこの10年間、事故は起こっておりません。私は、「外出」する痴呆の方の体力や瞬間瞬間の会話ができることに信頼をおいています。それでも今、ささいな事故でも起きようものなら、たちどころに「それ見たことか」と喜楽苑たたきの大合唱が全国に巻き起こると思っております。それを覚悟しての決断です。

私たちは、鍵をかけたり、縛ったりしたくないと、悪戦苦闘してきたわけですが、いつも居酒屋や市場、喫茶店に出かけているうちに、近所のみなさんが顔を覚えてくださったのです。痴呆症になることは恥ずかしいことでもなんでもない。泥棒したわけでもありません。堂々と地域のなかで生活しているうちに、地域住民の見方も変わってきたのです。職員も「痴呆性老人の社会化や」といっていますが、私は“ごく当たり前の生活を”という意味では、これも「ノーマライゼーション」の取り組みだと思っています。

痴呆症の老人にリハビリをするのは至難の技だといわれますが、それは動機付けができないからです。また90歳くらいの方にリハビリをといっても「そんなしんどいことようせん。わしは早うお迎えの来るのを待ってるんや」とおっしゃることがよくあります。特養での理学療法的リハビリは難しいのです。ところが喫茶店や居酒屋へでかけるようになったとたん、みなさん楽しいものですから、寮母が左右からわきの下を抱えるようにして外へ出ますと少しでも歩こうとされます。

また、居酒屋の止まり木に腰かけるために、手を強く突っ張ったり伸ばしたりします。「リハビリをして歩けるようになったら喫茶店へ行こう」から「歩く練習をしながら喫茶店へ行こう」という意識に変わりました。ADL（日常生活動作能力）が良くなった方も多いのです。

また、お年寄りの生活のなかに、文化・芸術を取り入れ豊かな日々にするということも忘れられがちです。喜楽苑では音楽会や演劇観賞にもでかけます。国民の一人として選挙の時期には立会演説会に行くこともあります。

また、老人ホームの入居者は、ホームがある地域の住民になるわけです。当然、その地域のいろいろな関係の団体に加入してもらうようにしています。後で詳しく述べますが、1997年1月に芦屋市に開設した「あしや喜楽苑」の例です。芦屋市には「YOクラブ」、つまりヤングオールドクラブというのがあるのですが、そこでは、囲碁とかコーラスとか、いろいろなクラブ活動をします。そこにも希望者は入っていただく。動けない方が多いので、コーラスは喜楽苑で例会をもつ。当たり前のことをやっているだけなのですが珍しいという目でみられています。市民的な自由を尊重したいと思っての取り組みなのですが……。

「ひとりごと言うて忘れるひとりごと」

次に川柳クラブにも触れておきましょう。実は、喜楽苑は痴呆症の方が多いので、ボランティアの先生が川柳を教えたいと申し込まれた時、無理ではないかと思いました。でも私のほうが間違っていました。軽度の痴呆症の方は句をつくることができます。無論、痴呆症ではない方や職員も十数年間このクラブを続けていて、毎年、句集も出しています。軽度の痴呆症の方は、字余りや、字足らずの時もあるのですが、それを川柳の先生が、できるだけ句の意味を生かして手直しされます。そうすると本当にすばらしい句が次から次へとできあがっていきます。

尼崎喜楽苑は4床室ですから、「相部屋の　いびきの友を　ふと案じ」という優しい思いやりの句。毎日食後に近くの喫茶店に通うので、「雨の日も　ポピーへ通う　リハビリー」と、「リー」を長くして一字なんとか持たせたりしています。自分がぼけてきたことを自覚した「ひとりごと言うて忘れるひとりごと」などという句もありました。

元市議会議員の方は「清貧の　議員生活　我が誇り」というすばらしい議員生活をふり返っての句を作りました。消費税が導入された年には、「消費税　身を削られる　思いです」「消費税　三度の飯につきまとい」と。政治風刺の句も辛らつ。「アメリカも言うて良いこと悪いこと」「洗脳をしたかされたか長い眉」とか。

投句も盛んで、尼崎市の文化祭大賞の句には、亡き夫への思いを込めた「きげんよく出せばよかったもう一本」があり、報知新聞の入賞句は「年金で好みの秋の彩を買う」。

良妻賢母で、家からほとんど出ずに子育てばっかりしていた87歳の女性が、喜楽苑で居酒屋にはまってしまい、「ビアホール　よくぞ女に　生まれける」という句をつくり、60歳代半ばの息子を驚かせました。

主婦のころを思い出して、「年の暮れ　買い物メモに　書ききれず」。バブルの頃には「万株を　持ってハラハラ　してみたい」などユーモラスな句もでき、敬老の日には思わず大声で笑ってしまった句「贈り物　寝たきりなのに　杖届く」ができました。

いちばん驚いたのは恋愛の句です。恋に対する思いがすばらしい。軽度痴呆の女性で86歳の方は「涼風に　ゆられて恋の　夢に酔う」。もうお一人は「竹の秋　愛を語った　嵯峨の道」。京都の嵯峨です。それから「思い出に　幼い恋の　地蔵盆」というのもありました。

さらに、男性の卒寿のお祝いの時に作った句は「卒寿来て　なお燃える

あり 紅椿」。90歳になっても自分の胸はなお赤々と燃えている。職員たちが励まされました。何とも色っぽい「座るなら好きなお方の斜（はす）向い」という句も。職員も句友として一緒に作句していますが、職員の恋の句は「初恋の先生禿げてたクラス会」「仲人をやれば中元ついてくる」など、なぜか少し品性が落ちます。母親への思いも痛切です。「母さんと 小さく呼んで 墓洗う」女性の方です。90歳を過ぎた男性は「年老いて 母の乳房が 恋しかり」と。

奄美出身の中途失明の方が「青い空 ハイビスカスが よく似合う」「白百合の咲き乱れてた島恋し」「亡き母の声きこえるような蛍狩り」など、いつも色と光が入った句を作られることに気づいて涙が止まりませんでした。震災後には「神戸では生きていたのが挨拶に」という句も作られました。このような知性と感性をもった高齢者が特養で人として扱われないとき、暗い表情にうつろな目となるように思えてなりません。

「ふるさと訪問」からのエピソード

「ふるさと訪問」にも1984年から取り組んでいます。旅行もしよう、行きたいところへはどこへでも行こうというものです。家族も高齢化していて、喜楽苑に入居するまでは、なかなかふるさとへ帰ることができなかった。もう「お墓参りに帰れない」という話が出ていました。また「以前、夫と歩いた思い出の旅をもう一度たどりたい」というさまざまな旅の希望も出てきました。そこで最高2泊3日ぐらいの日程で旅行にも行くようになったのですが、やはり希望が多いのは「ふるさと訪問」です。そんなエピソードを紹介します。

「ふるさと訪問」で墓参り

①河本務雄さん─「官憲がくるけん言うな！」

痴呆症重度で徘徊の激しい河本さん（当時82歳）は尼崎市と故郷の松山市をいつも混同されていました。「一度本当の松山市へお連れしたらどんな反応を示されるだろう？」そんな素朴な話をきっかけに喜楽苑で初めてのふるさと訪問が始まりました。1984年のことです。私ともう一人の職員が付き添いました。河本さんは「外出」の常習者でくずかごや道に落ちていた新聞紙などを集めてきては廃品回収業者のようなまねをする方でした。

飛行機が松山空港へ着き、タクシーで市街地に向かい、松山城が見えたとたんに河本さんの顔つきがまったく変わり、痴呆症の人の表情ではなくなりました。街路の名前、正岡子規のことを正確に話されました。

遠い昔に通った小学校や「おなごと逢引した」神社をまわり、宮大工だった河本さんが徒弟奉公をした当時の親方の家にも伺いました。家を継いだ親方のお孫さんはその時お留守でしたが、その後、わざわざ尼崎の喜楽苑まで訪ねてきてくださいました。河本さんはこのあと急に重信川へ行きたいといわれたので車を走らせ、その河原に立った河本さんは、辺りの風景をしばらく眺め、懐かしそうな表情をされ、ふいに私に向かって「姉ちゃん、ここで水平社の運動をしとった！」と叫ばれたのです。「えっ！すごいことをしてはったんですね」と驚く私に「しーっ！　官憲が来るけん言うな」と指を立てて制されました。治安維持法下で、集会・結社の自由が奪われていた時代に部落解放の「水平社」の運動に参加されていたことがわかり、大きなショックを受けました。喜楽苑では、そんなことは誰も知る由もなく、重度痴呆症者の一人でしかなかった河本さんの若き日の生き様に初めて触れた感動は今も鮮やかです。徘徊もガンで亡くなった妻の「墓参り」であることがわかりました。17年前の話ですが、四国松山は、喜楽苑の「ふるさと訪問」発祥の街であり、今も特別な街です。

②上田侃太郎さん─「デカンショ節」のふるさとへ送り続けた義援金

上田侃太郎さんは喜楽苑の開設2年後に病院から直接入居し、十数年間をここで過ごされました。直前のことを忘れる痴呆症状もありましたが、率直で明るく頓知が利き、一言ひと言が至言めいていました。生涯独身で失業対策事業で働いた後、自転車に乗ってユニークな選挙戦を展開し、市会議員を2期務めました。「カンタローさん」と多くの市民に親しみをこめて呼ばれる人気者でありましたが、身体をこわして入院。痴呆症状も出てきて、一人で生活できなくなり喜楽苑に来られました。

丹波と総称される兵庫県丹南町（現在は篠山市）出身で、月に数回行う夜の居酒屋ツアーでは酔うにつれ「デカンショ節」を大声で唄う人でした。上田さん自身がまったく身寄りはないと断言し、福祉事務所からの書類もそうなっていましたが、ふるさと丹波への思いが強いため、「ふるさと訪問」を行いました。

1998年1月に上田さんは亡くなったのですが、「ふるさと訪問」に付き添った職員の弔辞から、上田さんの日頃の姿とふるさと訪問時のできごとをお伝えします。

上田侃太郎さんの計報を聞き及び、驚きと深い悲しみにくれています。思い返せば上田さんは私にとっては本当に先生の様な存在でした。私が喜楽苑に就職しまして、施設での生活は「普通の生活、当たり前の生活が大切」という事を上田さんは、上田さん自身の言葉で教えてくださいました。今からもう、10年前の事です。上田さんが89歳の時でした。初めて上田さんを当時の市川苑長の勧めもあって、酒場「はまだ」に夕方お連れした時、上田さんはにこにこしながら大きな声で「にいちゃん、久し振りや、又、来ような、金、心配すんな、金は天下の回り物いうてな、わしに任しとき」と豪快に笑いながら話されたことを思い出します。「夜、酒場に行く、こんな当たり前の事が何故実現しないのか」そんな思いが当時の喜楽苑職員にはあって、上田さんの笑顔に励まされ、お寿司屋さんへ行ったり、酒場に行ったりが次々と実現していきました。

いつも上田さんは他のお年寄りの事も気に掛けておられました。その姿に随分と職員の立場で自己中心に仕事を進めようとしている自分を反省させられたものです。

喜楽苑で夕食時間を遅くしよう、というときも上田さんの一言が大きく職員を奮い立たせてくれました。「夕食時間は5時のままでいいですか」と上田さんにお尋ねしましたら「にいちゃん、5時は早いわな、喜楽苑はべつやけど……」と言われた言葉で当時わずか30分ですが、遅くすることができました。

夜間入浴を喜楽苑で実施するときも、上田さんの一言で決まったようなものです。「夜に風呂に入れるなんて嘘やろ、にいちゃん」この言葉はいつも耳鳴りの様に残っています。喜楽苑の「ふるさと訪問」の取り組みで上田さんを丹波篠山方面に一泊でお連れした時、上田さんは素敵な人生を歩んで来られたという事を知り、随分と心を打たれました。確か丹南町の役場を訪れた時の事でした。いきなり町長室に案内され、上田さんが尼崎市の議員をされていたときに丹波篠山方面に夏場「雹」が降り、煙草畑に大きな被害が出た事があったそうですが、義援金を上田さんが送られたとかで当時、町の職員だった方が現在は町長をされていて心からお礼を申されました。上田さんはお生まれになった丹波篠山方面で風水害などの天災などがあれば、必ず義援金を送られていたという事も知りました。上田さんは本当に故郷を大切にされていると感動したものです。町長さんに向って「政治は10年先、20年先を見ながら、私利私欲に走らず、行うのが大切です」と堂々と話された姿は政治家上田さんの姿を見た様な気がしました。

車のなかから上田さんは生家を見ながら「お母さんは優しい人でな、お父さんは医者でいつも馬に乗って往診していた。お父さんは厳格な人でよく叩かれたが、お母さんがいつも庇ってくれた……」とうっすらと涙を浮かべながら上田さんの子供の頃の思い出話を聞かされた時は思わず「貰い泣き」をしてしまいました。

戦争のときの話はいつも水兵の話でしたが、「戦争はあかん、絶対にあかん」と言い続けた上田さんでした。

中央商店街への買物に上田さんをお連れすると市民の方々の「あっ侃

太郎さんや」という声が飛んで来て、誇らしく思い、嬉しくなった事を思い出します。

物怖じせずにいつも威風を持って大きな声で話をされた上田さん、いつも皆のことを考えておられた上田さん、即興で次々と川柳を作られた上田さん、故郷の丹波篠山をこよなく愛された上田さん、上田さんは私の人生の先生であり、福祉の現場での先生でした。

私は5年前、喜楽苑を退職し、今は雪国、雪の深い福井の特別養護老人ホームで働いていますが、職場で行き詰まった時は「上田さんならどう言ってくださるだろう」と心のなかでよく相談をさせてもらったものです。

昨年末に喜楽苑を訪問し、お訪ねした時ベッドで横になっておられる姿を見て心配しておりましたが、本当に残念でなりません。

喜楽苑を卒業した職員は全国に散らばり、それぞれ頑張っていますが、上田さんが教えてくださったものは計り知れないものがあります。

心からご冥福をお祈り致します。安らかにお眠りください。

1998年1月29日

福井市・特別養護老人ホーム

朝倉苑・高井時男

そして、丹南町には姪や甥もいて九州には弟さんもいることがわかったが、上田さんが親族は「いない」といいきってこられた事情もおぼろげにわかった。上田さんが出征中、間違って妻に戦死の公報が届き、上田さんが復員した時には、妻はすでに他の男性と結婚していた。故郷を出奔し、親族は「いない」といいきってこられたのは再婚した妻のことを思ってのことだろうと推測される。丹南町への「ふるさと訪問」も上田さんが痴呆症になったので実現したのかもしれない。

入居者自治会の会長を務める上田さんに、どんなことをしてほしいかをお聞きすると「大正琴が聴きたいなあ」といつもその時だけ遠くを見る目でいっておられた。それを実現させると「やっぱりええなあ、わしはこの音大好きや」と目を細めて喜ばれた。いつもひとり言で「天皇は神さんかいなァ、人間かいなァ、わしはやっぱり人間やと思うけどなあ」とつぶやき続けた上田さん。大正琴にどんな思いが込められていたのか、天皇の軍隊が上田さんの一生を変えてしまったことをどう思っておられたのか、知る由もない。2年前99歳で逝った上田さんの葬儀には、「ふるさと訪問」以来交流が復活した親戚の人たちも列席され、とても良いお葬式になった。「姉ちゃん、子どもには平凡な名前つけや。むずかしい名前つけたら出世せん。ワシの侃という字はむずかしいやろ、名前負けしたんや」という上田さんの言葉が今も耳に残ってはなれない。

③中村喜智さん―特攻隊への志願を止めてくれた兄

居酒屋で乾杯のビールを飲んで「ああ、生きてる感じや！」と叫ばれた中村喜智さんは、60歳代後半で脳出血を起こして片麻痺になり、痴呆症にもなりました。しかし、鹿児島県出身の中村さんが、喜楽苑で寝酒にお湯割りで薄くした薩摩焼酎を毎夜飲む習慣ができてからは、メキメキ元気になっていかれました。

そして、2泊3日の予定で「さんふらわあ号」に乗り、船で鹿児島の加世田市まで「ふるさと訪問」の旅に出ることになりました。職員2人と息子さんが付き添い、愉しい船旅を満喫し、船は翌朝、山川港に無事接岸。出迎えにこられた中村さんの弟さんが「今、私が生きているのはこの兄貴のお陰です」と職員に話し始めたのです。「戦争末期、お国のためにつくしたい、そう思って特攻隊に志願したいと兄貴に手紙を出したのです。当時兄貴は満州（中国東北部）にいて、外から日本の戦局がよくみえていたのでしょう。犬死はやめろといわれて思いとどまったのです。国内では戦争に負け続けていることは報道されず、国民はだまされていましたからね。両親が早く死に、この兄貴は農作業をして6人の弟妹を必死で育てたのです。牛や馬をよく殴り、ある日怒った牛が目にいっぱい涙をためて兄貴に襲いかかりました。必死で逃げまわる兄貴の姿がおかしくてね。でも兄貴の普通でない苦労を知っていましたからそれに背いて特攻隊に入ることはできなかった。だからこうして生きているのです」と。

そのあと加世田市へ向かい、7年ぶりにご両親のお墓参りをしたあと、息子さんが中村さんを背負い、人の背丈ほども草木が茂った坂道をよろけながら登り、中村さんが苦労して弟妹を育てた生家を訪ねました。中村さんはその息子さんの背を涙でびしょぬれにされたそうです。生家は廃屋となっていましたが、立ちつくし感慨にふける父子の姿を見て付き添う職員ももらい泣きをしました。多くの弟妹や親族に囲まれた夕食の宴が中村さん父子にとってどんなに嬉しいものだったかは想像にあまりあるものがありました。

戦後、鹿児島から尼崎へ働きに来て尼崎一の大きな商店街にカーテンの店を出すまでになった中村さんは、妻と2人の息子を得て幸せな日々であったのですが、突如妻に先立たれ、ショックでご自分も脳出血を起こし、まだ60歳代の若さで片麻痺の身になってしまわれたのです。中村さんも昨年逝ってしまわれましたが、中村さんのふるさと訪問を克明に写したビデオテープのなかにいつまでも生き続け、中村さんを知らない新しい職員たちにも多くのことを教えてもらっています。

喜楽苑では看取り、いわゆるターミナルケアもしています。ガン末期であと十数日の命といわれたある方が、和歌山県の南部、東牟婁郡出身で白浜温泉へ行きたいといわれるので、お医者さんに相談すると、案の定「とんでもない」といわれました。しかし、どうしても行きたいというので押し切って出かけることになりました。「何かあったら救急車を呼べばいい」と割り切って決行しました。奥さんがお元気でしたから、白浜温泉で少しいい旅館のいい部屋をとりまして、最後の温泉の夜を夫婦お二人だけで過ごしていただきました。帰途、一度口から戻されましたが無事に帰ってこられ、宣告どおりそれから十数日でお亡くなりになりましたが、私は本当に決行して良かったと今でも思っております。

苑のなかの生活は人生の一部にすぎない

こうして「ふるさと訪問」には、取り組んだ数だけの素晴らしいドラマが生まれました。利用者の喜びはもちろんのこと、家族の方も「こんなに重度の親を、飛行機に乗せて車に乗せて、船にまで乗せて連れていってもらった」と感謝されます。しかし、いちばん感動したのは職員でした。職員が喜楽苑で目にしているお年寄りの姿は、障がいをもち、痴呆症になった段階だけ。人生のなかのほんの一部分をみているだけです。しかし、ふるさと訪問に同行することにより、その方の人生を垣間みると、誰もが本当に一生懸命人生80年90年を生きてこられたのだなということが職員にわかるのです。長い人生のなかの切り取られた今の姿だけをみるのでなく、その方の80年の人生に思いを馳せ、「人間はどうあるべきか」「人生いかに生きるべきか」という奥深いところまで職員に考えてもらうことで、介護の質も高くなるのです。

しかしそこで私たちは、付き添った職員だけが学ぶのではもったいないと思い、ビデオに撮って全職員で研修することにしました。その話が朝日新聞の夕刊に載りましたら、高等学校や大学の教材に使いたいという要望を含めて現在までに200件以上のテープ貸し出しの申し出がありました。たいへんな反響に、私どものほうがびっくりしております。

障がいのある人たちと手をつないで

旅といえばこんな旅もしています。若い障がい者の方々と「ひまわり号」に乗って日帰りの旅行に大勢で出かけるのです。職員や喜楽苑にくる実習生がボランティアで喜楽苑利用者だけでなく障がい者のお世話もします。利用者もボランティアの皆さんに助けてもらって一日を楽しむのです。障がい者の集いにも出かけ、いつぞやは若い人たちと痴呆症の利用者が舞台でディスコダンスを踊るという一幕もありました。

一般の障がい者はまだまだ社会の片隅に追いやられていますが、高齢の障がい者は「高齢社会」ということで最近はとみに関心をもたれています。私はこの機会に、身体障がい者や知的障がい者の方々とも大きく手をつないで、ハンディをもった人々が人間としての権利を広く強く主張できるよう、「高齢社会」への関心をすべての障がい者問題に束ねて発展させていきたいのです。

第 3 章

福祉労働の専門性

阪神タイガースの応援に甲子園に行けるのも、
ボランティアや家族と職員の連携があってこそである。

地域の居酒屋や美容院にも行って

私たちは以上のようなことを毎日実践してきました。これまで痴呆症の方への対応は、主に医療分野からだけアプローチがなされてきました。家族の方は、家のなかでご自分たちだけで奮闘しておられますから、本当に疲れはてていますが、泥棒したわけではなく、年をとって痴呆になるのはけっして恥ずかしいことではないと思います。「抑制」と呼ばれる向精神病薬などでおとなしくさせる、あるいはベッドに縛るなどの方法でなく、地域全体で暖かく普通に接すれば、そして特養ホームに豊かに質の高い職員が配置されれば、痴呆の方も一般社会で普通に暮らしてゆけるのではないかと思いました。

私は、「いい老人ホームとは」というテーマでよく職員と議論をします。その結論ですが、四つの条件があると考えています。一つは立地条件です。高齢になり、心身に障がいが起きたら余計に便利なところで暮らさなければいけません。

あるシンポジウムで、著名な評論家のHさんが「これからの老人ホームには、美容室があって理髪室も完備されるべきだ。おしゃれも大切」とおっしゃいました。私も、たしかにオシャレは大切だと思います。しかし、老人ホームのなかに何もかもあって自足性が高くなればなるほど、そこだけの生活になってしまわないだろうか。

居酒屋や喫茶店を施設内につくるのは、ないよりはいいのですが、寝間着やジャージー姿で、職員とだけ施設のなかにある居酒屋で飲んでもあまりおもしろくない。やっぱり、居酒屋や喫茶店は、地域のお店へ行くべきです。そして、そこで地域の住民といろいろなことを語り合って愉しむ。入居者も地域の住民です。施設の自足性が高いと地域へ出なくなります。施設のなかで何でもできてしまいますからね。

そうではなく、地域に出ていって、地域の社会資源を利用するほうがノーマライゼーションなのではないか。喜楽苑（以下は尼崎の喜楽苑についての記述）に仮にスペース的な余裕が生まれても、私は美容院を作らずに地域の美容院へ行っていただきたい。したがって老人ホームは田舎でもできるだけ便利な場所にあって、その地域のいろいろな資源を利用できるという条件がほしいと思っています。

二つ目は建物です。冒頭述べましたように、この点では喜楽苑は最悪です。お年寄りのプライバシーや人間としての尊厳が守られる建物、そして職員が働きやすい建物、そういう条件が必要だと考えます。

職員の人権もしっかり守る

三つ目は理事会や管理職の姿勢です。老人ホームの歴史をみてみますと、明治・大正時代には公的援助がありませんでしたから、篤志家が自分の財産をなげうってつくったという例が多くあります。しかも家族全員で支えざるをえなかった。すばらしいことではあったのですが、一方で同族経営、自分たちがお金を出したという意識が強くなりやすい傾向をもっていました。そうすると、そこで働く労働者は働きにくい。創ってこられた方々の功績はたしかに大きいのですが、今や公的制度も一応整い、したがって社会的責務も重い施設経営はもっと近代化されなくてはいけないと思います。ですから、理事会が形式的に開かれ、短時間でシャンシャンと拍手で終わるということではだめなのです。

喜楽苑では開設以来3回、4回と理事会の改善をはかりました。職員や入居者の人権を本当に守りきることが、理事会の大事な役割だと思います。そもそも人権を守る民主的な運営は、入居者のみならず、職員のためでもあるわけです。自分の人権を守られずして、他人の人権を守ることはできないはずですから、職員の人権もしっかり守る。民主的な運営とは会議が大切にされて、誰でもが気軽に発言できてよい意見はすぐに採り入れられる。そういう積み重ねがあって、初めて職員は働きがいを感じることができるのだと思います。そのためには、理事会、評議員会の役員がしっかりと運営に携わり、職員と入居者の人権を保障していく努力をするべきだと思います。名誉だけの役員はいらないということで、この間、2、3回ぐらい役員の交代を行いました。

人権感覚をもった職員集団に

四つ目は職員集団です。施設長に理解がなくとも、お年寄りに優しい、がんばる職員集団をもっている老人ホームもあります。福祉職員は福祉労働というものをしっかりと把握し、本当に人権感覚をもった職員集団に育っていくことが望まれます。喜楽苑ではいま夜間入浴を開始しておりますが、それを始めるにあたっては職員集団がたいへんな議論をしました。夜間入浴を始めるためには、それまでの遅出の午前10時出勤を12時にして、夜8時までの勤務をつくらなければなりません。当然、主婦である寮母からたいへん強い抵抗がありました。しかし試行を1カ月してみますと、「足がぬくもってよく眠れるようになった」「お風呂のあとそのまま寝巻に着替えられるのがうれしい」といったお年寄りの声があり、職員も自信とやる気をもつようになってきました。また、入浴を夜にすることで昼間の時間をフルに楽しんでもらうこともできるようになりました。3カ月の試行をして、やっぱり続けようということに落ち着いたのです。

このように、夜間入浴などに取り組みますとたしかに労働条件は後退します。労働密度も濃くなります。それにもかかわらず明るくやっていこうとする職員集団をもっているところが、喜楽苑の財産だと思います。こうした取り組みに至る葛藤を、私どもの寮母の田中幸子さんが研究会でこう発表しています。

「利用者の個別ニーズに応え、それまでの市民生活、いわゆる普通の生活を受容することを、人が足りないからできないという言い訳は、施設の主体者である利用者にはただの押しつけにすぎないと思うのです。もちろん施設自体が努力することは当然ですが、自治体や国に対して声をあげていくことを前提としてですが、人が足りないなかどうがんばるのか、職員集団がどんな工夫や努力をするのかも、職員一人ひとりが問い返しながら普通の生活という感覚にこだわっていかなければと思います」。

チームワークがよく自主的にがんばっていこうとする、しかも提案能力があり、いろいろ工夫もできる、職員配置が悪いからといって逃げない、そういう職員集団をもつことが良い老人ホームの最も大切な条件だと思います。

もちろん日々の矛盾は当苑でもたくさんあります。若い人たちが「しんどい」と燃え尽きてやめていって困ることもあります。でも職員のチームワーク労働はすばらしいと感謝しています。たとえば、厨房は、委託業者を入れていますが、栄養士はもちろんのこと調理員も必ず、食堂へ行って自分のつくった食事をどのように召し上がっていただいているかということを確認してもらいます。おにぎりひとつにしても手の拘縮によって、三角のおにぎりが食べやすいのか、俵型にしたほうがいいのかなどみんなで議論をしています。特養の「外出」の大好きな人はデイサービスの送迎バスで一緒に外を一周するなど、担当部署を超えて協力し合っています。

「専門性」の四つの柱

私は福祉労働者の専門性について語る時、その基本的な条件として次の四点が必要だと思っています。その第一は人権意識が真に確立していることです。人権意識が自他共に確立していないと、社会的弱者の援助には、さまざまな人権侵害が起こる可能性があります。また、福祉労働そのものが人間としての権利を守ることを目的としていることを再確認する必要があるでしょう。

第二は科学的な社会認識に立てることです。福祉ニーズは、社会的、歴史的な諸矛盾のなかで起こってきます。現状を正しく認識し、あるべき発展方向に向けて、確信に満ちた実践と理論化の両輪を進めうる力量を培わなければなりません。お年寄りの置かれている現状も、そのなかでこそ鮮明に理解できるのではないでしょうか。

第三は、ヒューマニズムと豊かな感性をもっていることです。豊かな感性は第一、第二で述べた事柄から育っていく側面もありますが、もっと幅広い人間への共感、言い換えるならば、すぐれた芸術や自然や多くの人々との触れ合いのなかで、ふるえるような感動の経験をもち、生きる喜びや苦しみを通して「人生は本当にすばらしい」と思える感性こそ、人を援助する時に真の優しさとなって表出されるように思います。

厳しい労働条件下に置かれている福祉職員の現状を改善し、豊かな生活経験をとおしてすぐれた職員が育ってほしいと願っております。

次に社会福祉という言葉を考えてみますと、社会というのは人間の集団を指し、福祉は人間の幸せを意味しております。人間の集団がすべての人の幸せを追求することが社会福祉なのです。社会福祉の仕事に携わるということは、幸せな社会をつくっていくための先頭をきるということです。福祉の町づくり、国づくり、地球づくりにつながる仕事として認識しなければなりません。この壮大な仕事のためには当然社会的行動が必要になってきます。

第四の専門性は、ソーシャルアクションを起こせる人です。喜楽苑の現場職員は専門性について、次のようなことをいっております。資格や免許をもっているだけで、一般的には専門性があるとみなされるが、福祉職員としての「知識」「技術」「資質」をかねそなえたうえで資格は初めて資格として認知されるのだと。そして「知識」とは、読んだことがある、見たことがある、聞いたことがあるということではない。知っているということは、上手下手はあっても他人に説明ができ、書けることなのだと。

「技術」とは何か。技術とは自分でできることなのだと。学校で教わったとおりできることではなく、どんなハプニングにも対応でき、また、応用も豊かにできること。そして「おむつはぬれたらすぐ替える」ことが技術の基本であって、「ちょっと待っていてね」と20分も待たせてしまうのでは、おむつ交換の技術があるとは申せません。「主訴をしっかり聴く」「叱らない、怒らない」「面倒がらない」「腹が立っても顔にださない」、こんな対応が対応の技術だといっています。

喜楽苑ではおむつの方が30人を超えておりますが、一人ひとりの排泄の特徴や体型に合わせて、30通りのおむつ替えマニュアルをつくっています。そしてすべての職員が、統一してマニュアルどおりのおむつ交換をしております。マニュアルの変更が提案されると、論議のうえ、また全員で新しい方法に取り組んでいきます。「技術」というのは、一人ひとりのニーズにきちんと応えていける方法を具体化し実践することだといっております。

「資質」とは何か。単に優しい気持ちをもっているから優しい資質があるとはいえません。具体的に優しい対応ができてこそ本当に優しいのです。満員電車で自分が座っている時、前にお年寄りや妊婦さんが立ったとします。「かわってあげたいなあ」と思う人は優しい気持ちをもっている人です。でも、勇気がなくて立てなかった、仕方がないから眠ったふりをしたなんていうのはだめで、具体的に立ってかわってあげることのできることが、優しい資質をもっていることだといえるのではないでしょうか。

ほかにも、仲間を大切にしあうチーム労働への努力、記録は単に書きとめることではなく明日の仕事に役立つ記録を。いつも明るく笑顔で対応し、利用者によく頼まれごとをされる職員になろう。学習の基本は自己学習であり、人から与えられる学習ばかりしていてはだめ。向学心のない人は信頼されない。などなど専門性を身につけるための具体的な努力を日々確認しあっているようです。

民主的運営が生きている

喜楽苑について大事なことをいい忘れましたが、それは民主的運営が生きているということです。喜楽苑の「民主的」という意味は、まず職員が労働組合に結集していることです。老人ホームに労働組合があること自体が珍しいといわれる現状ですが、労組があっても、老人ホームの経営を危うくする闘いをする組合もあります。逆に御用組合の場合もあります。しかし喜楽苑では、まず労働組合に職員が結集することによって職場のチームワークが生まれ、それが次々に新しいことに挑戦していく力を発揮しております。

職員の労働を評価し、だからこそ労働条件を良くするために理事会、管理職も不断の努力をしていることはいうまでもありません。たとえば経理の公開や寄付集め、新しい施設建設（すぐれた労働に応えるためのポストの確保や、将来展望が具体化される条件となります）などです。けれども労使交渉には厳しいものがあります。事務折衝が決裂し、私ども管理職が団体交渉の場で詰め寄られることも再々です。しかし私は、労使の厳しいせめぎ合いのなかでこそ、労働者も管理者も育っていくのだと思います。とりわけ管理職が陥りやすい独善を、労組があることによって避けられるのはありがたいことです。労組があればこそ、「民主的運営」が保たれるのだと私は思っております。

入居者自治会から「ありがたい文句」が噴出

また、「入居者の自治会」も重要です。民主的運営といっても、入居者が「ありがとう」「すみません」「お世話になっています」の三つの言葉を多く使っている老人ホームでは、施設長がいくら理想的なことをいっても、やはりいえない雰囲気を作り出しているのだと思います。自治会ができるまでは、喜楽苑でもけっして何でもいえる雰囲気ではありませんでした。不満を書いていただくための投書箱を置いてもあまり活用されていませんでした。どこか管理的になっていたのです。

ところが、ある年、車椅子の方なのですが、精神的にしっかりした男性が2人入居されてきて自治会をつくってくださいました。痴呆症の方が多いのでなかなかできなかったのですが、その方々の活動で入居者がコロッと変わりました。文句がいっぱい出てきたのです。日本の現状は職員の配置が少なく、なかなか一対一でのお世話ができません。でも入居者は命と生活を全部預けているのですから、文句が出ないほうがおかしいのです。たとえ家族が介護をしていても文句はいっぱいあるわけです。それが一人の職員が多くの方を看ているわけですから、行き届かないことはいっぱいです。堰を切ったように文句が出てもうびっくりしました。そしてその意見や文句のほとんどは立場が変わると「なるほどな」と思うことばかりでした。

いちばん直接的な内容は「昨夜の夜勤職員はもってのほかや。コールを押してもなかなか来ないうえ、来た時にいいわけをしよった」と。いわれたことは、その職員のせいにするのではなくチーム全体にいわれたこととして受け止め、みんなで解決するようにしました。そして誤解に対しては、きちっとしたミーティングの場で、ある時には、家族や理事長をはじめ役員も出て、きちんと解いていくというふうに冷静に対応しています。

そして自治会の代表者が、職員研修会にも参加して、「住んでいる立場」から多くの意見をいってもらうようにもしています。「今、皆さん方は、2時間も熱心にどうすればそれぞれの老人ホームがよくなるかということを議論されました。でもどうでしょう。入居者に本当に何をしてほしいのかを実際にとことん聞かれたことがありますか。それがいちばん基礎になるのではないですか」と発言されました。みんな一瞬シーンとなってしまったというそんな経験もしました。

「介護の先輩」・家族OB会に支えられる

喜楽苑についての質問でとりわけ多いのは、これほど少ない職員でなぜお年寄りを市場へお連れしたり、喫茶店に出かけたりすることができるのかです。それは、喜楽苑には、ホームの家族会のほかに、喜楽苑で亡くなった方の家族OB会と、デイサービスセンターの家族会があるからです。最近は、特別養護老人ホームが建設されると、必ず多くの在宅福祉サービスが併設されます。デイサービス、ショートステイ、そしてホームヘルパーの派遣事業、在宅介護支援センターとさまざまなサービスが整備されます。ですから特養ができるということは、在宅福祉サービスも整うということになります。喜楽苑では多くの在宅福祉サービス部門をまとめた「地域福祉センター」にも「家族会」があります。この家族会ができた当初は、それこそ涙、涙の家族会でした。介護のつらさをお互いに吐き出し合って泣く、でもそうするからこそまたがんばれる。そして、介護のノウハウをお互いに教え合う。直接的に困ることは行政にも一緒に頼みに行く。地域の人たちの相談にも乗る。そんなことでこの家族会は、非常に重要な活動をしています。

お年寄りと家族と職員とが一緒にバスを仕立てて一日旅行にも出かけます。「7年ぶりにビールが飲めた」といって泣いていたお嫁さんもいました。

「家族OB会」の方は、寂しくなったけれど時間ができた。介護の先輩としてのノウハウももっている。老人ホームに入れた時のつらさもわかっているということで、そこでこの方々がいつも喜楽苑に出入りし、行事のお手伝いをされたり、ホーム家族会の相談に乗ったり、食事の嚥下が困難な方の全面介助などをしていただいています。特養では日本で一つではないか、といわれる、この家族OB会に支えられている実感があります。

ケアは、私たちに任せてください。でも心のケアは、家族に勝るものはありません。どんなにがんばっても私たちに家族の代わりはできません。だから入居後も家族の方々にはいつも逢いに来てほしい、職員の専門的なケアと家族のやさしい気持ちをいつも併せもって入居者に対応したい、と入居時に家族にお願いしています。

ボランティアは「安上がり福祉」の先兵か？

町中という立地の良さもありまして、喜楽苑にはボランティアのみなさんが大勢来られます。1991年では実数で350人、年間延べ1500人の方々が来られました（1999年には年間延べ約3500人に）。年齢は学生から年配の方までさまざまです。それぞれの方々の体力や要望に応じて、多彩なボランティア活動が展開されております。縫い物、大掃除、買い物、行事、園芸など、その種類は多岐にわたっております。職員配置が悪いのに、いつも地域へ買物や食事に出かけられるのは、長年の買物ボランティアのみなさんのおかげです。ボランティアの方々がいなかったら、人権を守る取り組みはできなかったでしょう。外へ外へと頻繁に出かけて行くのは、職員だけではとても無理です。家族、ボランティアの協力があって初めてできるのです。百貨店や商店街などの外へ出かけて行く時は、職員は責任者としてせいぜい一人が付くだけであとはほとんど、家族やボランティアに付き添ってもらっています。

よくボランティアは安上がり福祉の先兵だ、などと否定的にいわれることがありますが、私はまず、人のために役立ちたいという気持ちはすばらしいと思います。ボランティアのみなさんが福祉の現場に入られますと、まず建物や職員の配置基準の貧しさに一様に気づかれます。お年寄りの思いや、職員の思いや取り組みがわかります。福祉施策が実態に追いついていない矛盾にも気づかれるでしょう。私たち職員と共に手をつないでよりよい福祉をつくり出していく草の根の力として連携し、仲間を広げていく、施策の意を逆手にとろう、そう私は考えたいと思うのです。

実習生の新鮮な目で

そして実習生も21世紀の超高齢化社会に、良いマンパワーを育てるために、積極的に受け入れております。年間で延べ約2000日に上ります。つまり、毎日、5、6人の実習生が入っていることになるわけです。私たちのケアがマンネリになっていないか、間違っているところはないか実習生の新鮮な目でみた意見も積極的に受け止めていこうと話し合っています。

国の福祉施策は、ようやくゴールドプランで整備量を明らかにしましたが、その質・内容が依然抜け落ちております（1993年時点）。私たちは、人権感覚を鋭くもった良い保健・医療・福祉のマンパワーを一人でも多く育てたいという思いで、全力をあげて実習生を受け入れております。

また、絶えず外部の人が入ることや、自らが指導的立場に立たされることは、施設職員のレベルアップにもつながります。高等看護学校4校、介護福祉士の専門学校5校をはじめ、福祉系大学や短大の学生もまいります。他施設の職員、保健婦、ヘルパー、ボランティアの実習も受け入れております。兵庫県の職員研修先にも指定されておりまして、年間のべ1800日間も実習生が入っております。実数では400人ほどでしょうか（1993年時点）。

このなかで、県職員のみなさんの感想文がとてもおもしろいのです。「話に聞いているのと全然違う」「こんなに重労働だとは思わなかった」「県議会で福祉の問題を取り上げるのは革新系の議員さんと決まっています。革新系政党のいうことは反対のための反対だと思っていたら、いっていることは本当やった」などというものもあります。私は実習終了日にいつも、「将来、出世なさったら、福祉にうんとお金を出してください」とお願いすることにしております。

実習をきっかけにして、喜楽苑に就職する人もいますし、ボランティアとして活躍する方もおられます。喜楽苑の「人権を守る」という取り組みは、こうした人々との民主的運営によっても支えられているのです。

本当の「施設の社会化」とは？

この他に「喜楽苑地域福祉事業推進協議会」という組織があります。地域の老人クラブ、社会福祉協議会、民生委員、コープこうべのみなさん、医療関係者、ボランティアグループ、一つひとつの家族会や労働組合など、地域の15団体1万2千人（1999年時点では約2万人）に及ぶ組織です。

私は、「施設の社会化」の意味を次のように考えています。一般的には施設機能を地域に開放することをいいますが、それだけではダメで、施設職員が地域へ出て行き、その専門性を生かし、女性や子どもたちの問題をはじめ、大きな意味で地域が抱えているいろいろな問題を地域の住民と一緒に職員も考え行動していく、地域と施設が双方で行ったり来たりしてお互いに協力し合うことが本当の「施設の社会化」と思っております。とりわけ福祉の問題については、自分たちがそのけん引力として地域でお役に立つ。地域の方々は、喜楽苑を核にしながら福祉サービスを広げていく。そういう、相互に住民すべての福祉を前進させていく立場での「社会化」

でなければなりません。

幸いにも喜楽苑の心ある職員は、そういう視野で地域にも積極的に出て行ってくれています。喜楽苑の職員は地域の諸課題に目を向けて、労働組合を通しても活動していますし、また苑を通しても医療団体と在宅ケアの勉強会を行ったり、尼崎都市自治体問題研究会に参加したりしております。また喜楽苑には、全国老人福祉問題研究会兵庫支部の事務局も置いております（1993年現在）。

第 II 部

特別養護老人ホームは進化する

第 4 章

全室個室化とユニットケアへの道程

――いくの喜楽苑――

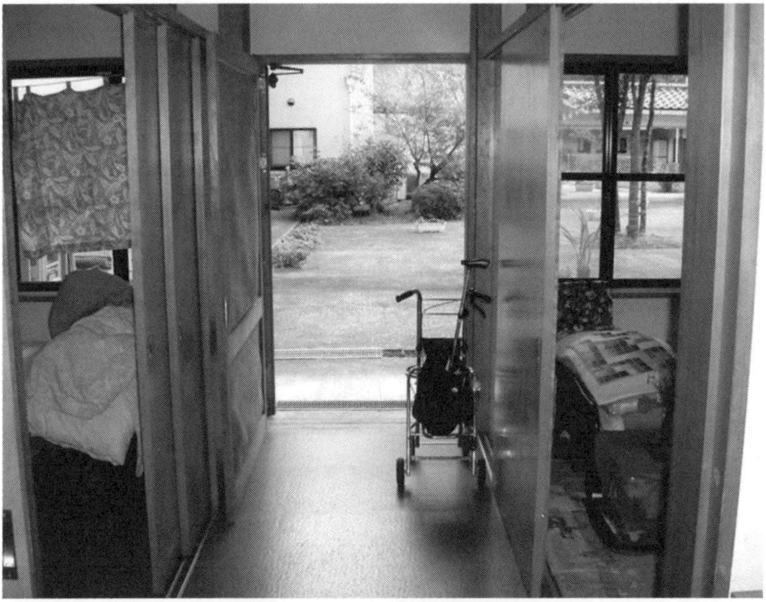

板戸で仕切り準個室化した居室

多床室を引き戸で仕切る

尼崎の喜楽苑の現場をみていると、入居者のプライバシーに配慮しようとすれば、四人部屋などの多床室のままでは、いかにスタッフが創意と工夫を重ねても限界があると感じ、建物や設備といったハードからも人権を守らなければならないと考えるようになりました。1989年夏、私は高齢者の福祉や医療体制が進んでいる北欧に視察旅行に行き、施設の入居者を生活単位に分ける小規模化と、個室化との実際を知ることができました。

そのころ、喜楽苑には、二つめの特養ホーム「いくの喜楽苑」の建設話が、郡部の兵庫県生野町（現朝来市）で持ち上がっていました。当時の町長さんが、特養ホームをつくるため各地の特養をいろいろ見て回っておられました。尼崎の喜楽苑に来られた時に、町長の後について離れない痴呆症の人がいて、苑のスタッフが手をつないで、後から一緒に回っていたのをご覧になりました。見学された別の施設では、施設長が「お客さんや、入っとれ」と、部屋から出てきた痴呆症の人を部屋に押し戻し電子錠でガチャと締めたそうです。その後、喜楽苑に「うちの町に来てほしい」と声をかけていただいたのは、私たちの「人権擁護」「民主的運営」の取り組みが評価されたのではないかと思っています。建設に際しては、行政をはじめ生野町の住民や企業の方々にもご尽力や多額のご寄付をいただきました。また、尼崎市民からも多くの寄付が寄せられました。「いくの喜楽苑」は、この方々のお気持ちに応えるべく、真に地域に根ざした運営をしなければならないと肝に銘じています。

そんな経緯を経て、社会福祉法人尼崎老人福祉会（当時、現きらくえん）は1992年9月、生野町に居住エリアの分散化（ユニット化）と全室を「準個室化」した「いくの喜楽苑」を開設しました。全室完全個室にしたかったのですが、当時の国の制度は多床室（4人以上が一緒に住む部屋）を基準としていたため、完全個室に県が難色を示し、喜楽苑内部からも「制度外でそれを実現しようとすると建設費が高額になり、法人の負担が増す」といった反対が出ました。また、「個室だと入居者が寂しがる」といった指摘もありました。

そこで、中間的な準個室化の試みを行うことになり、二人部屋、四人部屋を少し広めにとり、カーテンの替わりに、一人ずつ木の引き戸による仕切りを設置しました。そうすることで、引き戸を完全に閉めると6畳くらいの個室的な空間になります。その居室内にはすべて洗面台を設置しました。このやり方なら、もし失敗をしても、木の引き戸を取り払えば、多床室に戻せる、という判断もありました。また、寂しくなったら、引き戸を開けて隣の人とお話ができる距離です。夫婦で入っている方は一応2室になりますから、片方を寝室に、もう一方を居間にしている人もいます。

一人になる時間と空間が必要

さらに、できるだけ少ない人数で過ごせる、家族的なエリアにしたいと考え、特養部分を3棟に分散しました。各棟には東町、西町、南町という名前を付け、各部屋は何番地というふうにしました。一極集中で大勢の高齢者がいる風景はまさに“収容所”ですから、各「町」をユニットとし、それぞれに食堂、デイルーム（リビングルーム）、トイレを設置して、家庭に近い少人数での団らんを目指しました。

この試みをして気づいたことは、痴呆症の入居者の方々が落ち着いていったことでした。人間には一人になる時間、一人になる空間が必要であり、それが保障されてこそ、初めて他人と交流する活力が出てくると思っています。それは「いくの」で行われた後述の学術的な実態調査でも証明されています。

「いくの」では、全室を準個室化していますので、痴呆の方が出てこられても他の部屋の人は気がつかない。職員だけが知っていればよいのです。それにより、多床室の尼崎の喜楽苑より「いくの」の入居者の方の顔が穏やかになりました。喜楽苑のように四人部屋ですと、痴呆の方が夜になって、ガサガサしだすと音に気づいた周りの人も落ち着かなくなり、起き出してくる。そうするともう、2人の夜勤者だけではどうしようもなくパニックになってしまいます。職員は飛んでいって「恐れ入りますが、ちょっと静かにしてもらえませんか」という。依頼形ではありますが「静かにしてほしい」という気持ちが出ています。そうするとやはり、やんわりですが規制していることになります。

生き生きとした昼間の生活を

全国で特養は、4000近くあるわけですが、そのなかでほとんどの部屋を個室または準個室化しているのは10ぐらいです（1999年時点）。そのなかの二つほどを、私は数回、見せていただきましたが、ちょっと驚くことがありました。広い専用の個室なのに、家具がまったく入っていない部屋があるのです。またドアを開けたままでおむつ交換をしている所もありました。

東京のある特養では、廊下に人っ子ひとりいない。全員個室に入って、テレビを見ている。もし朝から晩まで部屋に閉じ込められてテレビを見ていたら独房です。個室が生きるのは、私たちと同じように生き生きとした「昼間の生活」があって、そして疲れて夜になって、これからは自分の時間だということで、部屋に入って自分の好きな音楽を聴いたり、好きな本を読んだりするという感じです。朝から晩まで部屋に放っておかれて、ずうっとテレビのお守をしていたとしたら、こんなに寂しいことはありません。これは個室化ではなくて「孤室化」です。

そうなると、少ない人数でもいかに昼間生き生きとした生活、プログラムを作れるのかということになります。お昼、コーラスやお散歩、囲碁など好きなことができる愉しい時間を過ごして、夕方になって「ああこのあとは私の部屋で」というのが個室のメリットですから、そういう生活を作り出せる質の高い職員が必要になってきます。スウェーデンでは、施設を建てる時には、必ず図書室を施設のなかに作るそうです。それほど、入居者の方々の文化的な生活を大切にしているのです。

また、職員が人権感覚に富んでいるかどうかも非常に問題になります。

なぜならば、仮に個室のなかで、職員が人権を侵す発言をしたとしても、それは外部には見えません。四人部屋だと必ず、内部告発がありますが、個室だとわからない。だから人権感覚がより研ぎ澄まされていないといけないわけです。

できるだけ「ふつうの家」らしく

ここで「いくの」の全容を紹介しましょう。このホームは、兵庫県の中央部に位置する朝来市生野町竹原野にあります。朝来市は、2005年に旧4町（朝来町、生野町、山東町、和田山町）が合併し3万5千人の新しい町として誕生しました。合併前の生野町は銀山で有名な町でした。1542年（天文11年）山名祐豊が本格的な採掘に着手して以来、閉山に至る1973年（昭和48年）までの長きにわたり鉱山で日本の近代化につくしました。最盛期には人口約1万2000人を数えましたが、2008年では約5500人と過疎化が進んでいます。明治維新後はフランスから技術者が訪れ、フランス文化も入り、ハイカラな町でもありました。日本有数の鉱山があった歴史を反映して、経済的にも文化的にも郡部でありながら豊かな町であった証が今も色濃く残っています。現在、朝来市の高齢化率は、28.5%を超え、約3人に1人が65歳以上です。また、その人口の約2割が要支援・要介護高齢者となっています。

いくの喜楽苑の正面玄関＝兵庫県朝来市生野町竹原野

「いくの喜楽苑」は1991年度の国・県補助事業で建設され、一応は個室が10室、二人部屋が8室、四人部屋が11室ですが、日本では初めての全室準個室型の特別養護老人ホームとして建設しました。また、居住エリアを三つに分散し、

20人程度の少人数で生活ができるようになっています。2003年度から国が制度化した個室（準個室化ではありますが）・ユニット化を先取りし10年あまり早く実現させたことになります。ハード面（建物・環境）からも人権を守る取り組みを目指したのです。

郡部のため土地を広く確保できたものですから、できるだけ「家」らしくということで、真っ黒で頑丈な石州瓦を使い、ほとんどを平屋建てにし真っ白い壁と、木の格子という和風の建物にしました。時々「料亭」と間違った人が訪ねてきます。平屋建てですから、各部屋から、直接中庭に出ることができ、動物も飼え、土いじりもできます。犬や猫も飼っていますし、夜、狸が出ていつも食事をもらうというおもしろい話もあります。

そんな暮らしをしていますと、日頃の会話のなかで「近所の人」という言葉が出てきました。生野町の近所の人のことかと思っていましたら、「隣の部屋の人」を「近所の人」と呼んでいるのです。個室は、そういう「自分の家」意識に変わるのだということを学びました。開設後最初の要望は「部屋のなかから鍵をかけさせてほしい」でした。外から“閉め出される”のではなく、自分の部屋なのだから、自分で鍵をかけて管理したいというのです。個室が自立心を引き出し、次いで、できることは少しでも自分でしようという意欲もわいてくることがわかりました。

スウェーデンの設計コンセプトに学ぶ

設計コンセプトは、当時のスウェーデンの「ロカーラシュクヘム計画指針」を参考にしました。ロカーラシュクヘムとは長期療養施設のことで、日本の特別養護老人ホーム利用対象群とほぼ同程度の障がいをもった高齢者が生活する施設です。その施設の計画指針の根本原則に、(1) 通常化＝高齢者を特殊な環境に置くことを避けて、できるかぎり通常の環境と同じ条件の下で日常生活が送れるようにすべきこと (2) 人格の尊重＝高齢者自身の人格人権を尊重すべきこと (3) 自己決定＝すべての医療看護行為は、基本的に患者本人の自己決定に基づくべきこと (4) 影響と参加＝ケアの内容やサービスの提供に関し、本人の意向を敏感に取り入れるべきこと（5）人格の総合的把握＝患者をその疾病に直接関わる部分だけで規定したり、高齢者の有するさまざまな属性を切り離してしまうことなく、総合的に把握すべきこと（6）活性化＝高齢者を安静の状態に放置せず、残存能力を刺激・訓練することを通してできるかぎり活性化するように努めること。そのためには、各自の生活空間のなかでの日常生活行為の瞬間々々が高齢者への動機付けのうえでも有効である、とあります。

スウェーデンもこの計画指針が出るまでは四人部屋が基本構造でしたが、この指針を受け個室化されるようになり、家具の持ち込みを可能にし、少人数での単位で生活し、その単位ごとに食堂、デイルーム、トイレなどを整備し従来のものから大幅に転換がなされました。

「いくの」の建設前には、喜楽苑職員の間で特養のハード面についてかなり議論がありました。たとえば、四人部屋でカーテンだけの仕切りでは、電気をつけると影が映るのでプライバシーが守れない、使い慣れた家具をたくさん持ち込んだ際に、自分のところと相手の境界がわからないのでトラブルになる、テレビを見るにも周りに気を使いながら見なければならない等、自分が暮らす場所ならどうなのかをみんなで考えました。

入居者の生活に職員の勤務時間を合わせる

主な特色を以下のようにまとめてみました。

①個々人が自由に使える空間を確保

ここでは、個々人の時間を自由に使える空間が必要だとして板戸で仕切れば個室になるような工夫がされています。当初は、職員のなかにも「個室は寂しいのでは」という意見もありましたが、入居者全員が仕切った板戸を活用して自分の部屋として利用していること、京都大学大学院の故外山義教授（2002年11月逝去）の調査で個室と雑居部屋の入居者間の交流時間は、個室のほうが多いというデータ結果が出ています。

②光によるナースコール

俗にいう緊急呼び出しベル（ナースコール）は、全国的にチャイムやブザー音で知らせる方式が一般的でした。しかし、自宅で生活している場合、呼び出しのブザー音が鳴り響くことなどありません。施設特有の音であり暮らしのなかでは不必要な雑音です。そこで、音ではなくて光であらわすコールを採用し、職員の動線上、必ず見える位置（天井）に赤緑黄の点滅信号で表示することにしました。基本的に音は出ないことと天井に設置してあることから、見て見ぬ振りのできるナースコールでした。しかし職員はいつも意識をし、「ちょっと寂しかったから押した」というコールでも、「用のないコールはない」と、すぐに居室に伺い入居者と対面しながらの対応をしています。

③ユニットの各食堂に自由使用のキッチン

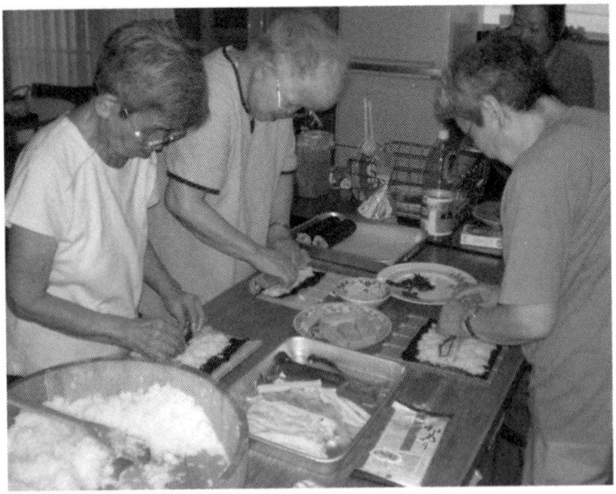

お年寄りが自由に使えるキッチン

入居者の皆さん同士、あるいは家族が来苑されたとき入居者と一緒に、日常の喫茶などを自由に愉しめるキッチンも設置しました。おやつ作りや、中庭の菜園で取れた野菜などを調理したりして食の愉しみを広げて熱々のものを食べられるようにもしました。食事時間は、朝が7時半～、昼は12時～、夕は18時～と一応時間を決めてはいますが、時間にとらわれない幅をもたせ家庭とかわらない配慮をしています。

④温泉風の浴室と夜間浴の実施

入浴は暮らしのなかでも楽しみのひとつです。のんびり入浴していただくために、庭園に面して温泉風の浴室を設けました。また、特殊浴槽も入居者の身体状況に合わせて入浴できるものを設置しました。浴室の呼称は一般浴室や特殊浴室と呼ぶのではなく、鉱山の町らしく「ぎんの湯」「すずの湯」と名づけ、ハンディキャップを意識させない配慮をしました。

入浴方法は、曜日を固定するのではなく、月曜から土曜まで毎日を入浴日とし、少人数でゆっくり入浴していただけるようなシステムを作りました。また、夜寝る前に入りたいと希望される方々については、よほどのことがないかぎり夜間入浴を実施し、職員の勤務時間に入居者の生活を合わせるのではなくて、入居者の生活に職員の勤務時間を合わせる努力をしてきました。

⑤監視されることがない生活

一部2階建てではありますが、平屋を基本とした建物構造となっています。特養の入居者やショートステイ利用者についてはいつでも自由に外出しやすいように、居室はすべて1階に配置しています。2階は、デイサービスエリアです。平屋建てが多い生野町で意外性を愉しんでいただこうと思いました。

⑥地域の文化に調和した建物

鉄筋コンクリート造りですが、かつて銀山のまちとして栄えた街並みに調和した配慮をしていて、社団法人兵庫県建築士事務所協会の「くすの木建築文化賞」を受賞しました。設計したのは竹山清明さんです。

くすのき建築文化賞

ユニット化で変わる入居者の生活

開設当初から少人数での暮らしが実現できるように東、西、南の三つの町に分散できる建物構造になっていますが、当時は50人定員で11人の援助員と1人の介助員計12人が国の最低基準でした。それより多くを配置したのですが、三つに分散した町（ユニット）ごとに決まった援助員を配置することは現実問題として不可能でした。そのため食堂兼デイルームは東町と西町のみを使用し、各町の担当はその日ごとに決まってはいたものの、排泄介助や入浴介助などは全職員が全入居者に関わる、いわゆる集団処遇でした。ただ個別ケアについては各入居者の居室担当を決めていたので、こだわって、担当する職員が日常的な暮らしの支援（希望に応じた外出、食事、理美容、買い物、花植え、畑仕事、お酒やタバコなど）や故郷訪問などに意識的に取り組んできました。

2003年度からユニットケア型の特別養護老人ホーム（全室個室でユニットケアに取り組む新型特養）が制度化されましたが、全室準個室型「いくの喜楽苑」の取り組みとして、京都大学大学院の外山義研究室の院生の方々と共同研究を行いました。その目的は「従来型特養のなかで介護単位の小規模化がケア及び入居者の生活にどのような影響を与えるかを明確にし、その有効性や職員のケアに対する意識の変化を考える」ことでした。2002年7月よりユニットケアに取り組み、同年6月に2日間、同年10月に2日間の調査をしました。取り組みの調査内容は、スタッフの行動を対象とした「スタッフ行動追跡調査」と入居者の生活を対象とした「入居者10分間行動観察調査」の二つです。

介護と関係ない日常会話が増えた

介護単位の小規模化によってスタッフが担当するユニットが明確になったことにより、スタッフの動線が短くなり、スタッフの滞在場所が管理領域（職員室や事務所などで職員が主導で関わる区域）からユニット領域（居間や食堂などで入居者が主導で関わる領域）内へと増加することが示されました。このスタッフのユニット領域内滞在割合の増加傾向により、スタッフがデイルームに一人もいないという状況が改善され、また、身体介護業務に大きな量的変化がないにもかかわらず、スタッフ間のコミュニケーション量が大幅に増えました。変化は、スタッフ側のみならず、入居者側にもみられました。入居者がデイルームに滞在する時間が増え、そこでスタッフと入居者が居合わせることにより、入居者とスタッフとの会話が増えました。

とりわけ、入居者については介護に関係しない日常会話が増えたことから、入居者自身が介護以外の関わりを主体的にスタッフともとうとする気持ちへ変化してきたことがわかりました。また、コミュニケーションの量が増えるにしたがい、入居者への気づきも増え、文化的行為（鉢植え、漬物漬け、野菜作り、茶道、書道などの趣味の活動）の増加にもつながりました。認知症の問題行動といわれる徘徊についても、認知度にかかわらず減り、デイルームで落ち着いて生活されていることが示されました。以上のように、改修を伴わない既存特養における介護単位の小規模化の有効性がこの調査によって具体的に示されたのです。

このように介護単位の小規模化に取り組む一方でユニットケアに求められる個別援助を目指して「ニコッtoさーくる」という定例会議を設けました。この会議名は、お年寄りがニコニコされていることが、落ち着いて安心して暮らしている証左ではないか、という大半の意見により決まりました。目的は、介護職員が通常の業務内で感じてはいるが意識に定着しないお年寄りの訴えや生活上の出来事を紙に記入することにより意識化させることと、ワークショップを通じて日常のなかで汲み取られた事項を少人数のグループで議論し、介護のなかに潜んでいる問題点を抽出することです。これはワークショップ方式による参加型会議でメンバーは、施設長、事務長、相談員、看護師、管理栄養士、ユニット主任、現場ユニット職員、京都大学大学院の学生で構成しました。会議では本来のユニットケアが目指すものは、スタッフの勤務体制や空間の単なる小規模化ではなく、一人ひとりが個性をもった個人の集合として生活してもらうためのシステムや介護であることを確認しました。正しく広く理論的に確認していくことの重要性に気づく会議であったと思っています。

地元の盆踊り大会復活のきっかけに

開設後は、生野町の全世帯（1800世帯）にいくの喜楽苑の機関紙を毎月全戸配布しています。開設当時は、老人ホームに対する偏見もあり、在宅サービスを利用することについても、世間体を気にして利用しづらい風潮が見受けられました。そのため、要介護状態になった時、福祉サービスを利用することは、当たり前であり、恥じるべきことでも偏見をもつことでもないことを広く地域住民に理解してほしいと思い、機関紙を全戸配布することにしたのです。

記事も食事、入浴、余暇活動、買い物、旅行、地域行事への参加、選挙は投票所での投票、など希望に応じた暮らしの内容や、度重なる制度改正の解説など、住民に直接関係のある情報なども盛り込むことに心がけてきました。全戸配布については、地元の区長会のご協力もあり、町の広報誌を全戸配布する際に一緒に配布していただき、地域の方々からも楽しみに待っていますとの声が寄せられています。

2008年で16回を迎えた「いくの喜楽苑納涼盆踊り大会」は、例年と同じように地元竹原野地区をはじめ緑ヶ丘地区、消防団第三分団、家族会、区有志の方々と共に実行委員会を組織して行いました。多くの方々で踊る生野踊り、但馬音頭。そして、数種類の出店、地元の小学校の児童の歌や楽器演奏など、多彩な内容で500人あまりが参加されました。まさに蘇った地域の盆踊り大会でした。

いくの喜楽苑で復活した納涼盆踊り大会

開設当初、認知症のお年寄りが口ずさんでおられた唄が何の唄かわかりませんでした。地元の人に聞いてみると、かつて賑やかに行っていた総踊りのひとつ、生野踊りのくどき文句であることがわかりました。鉱山全盛期であったころには、「いくの喜楽苑」のある奥地区でも盛大に開かれていた盆踊り大会が、閉山と共に人口が流失し消滅してしまったのです。最初は、「いくの喜楽苑」だけで行っていた小さな盆踊り大会でしたが、地域の方々のご協力により、今ではこのように、地域の祭りとなりました。昔の地元の祭りが復活して時代をつなぐ一翼を担えたことをうれしく思っています。

朝来市生野町は、今後少子高齢化が急速に進んでいきます。人口の減少と共に高齢者独居世帯、高齢者夫婦世帯が全世帯の２割（2014年時点では3分の1）を超え、限界集落といわれる地域も増えつつあり、小学校も統廃合が進んでいます。そのような地域で「いくの喜楽苑」は、廃校になった小学校のある集落の再生に向けて、地元住民、行政、社会福祉法人きらくえんとで再生プロジェクトを結成しました。地域密着の福祉サービスの実施や都市部と郡部で自然、人、物の循環をつくりだしていきたいと思っています。

また、朝来市内にある四つの特養が協働で朝来市福祉施設合同連絡会を結成し、市内のボランティアネットワークの構築に取り組んでいます。これまでのボランティアの活動範囲は旧4町の生活圏域のみにとどまっていました。そのため、生活圏域を超えた活動支援や、ボランティア活動をするうえで必要な知識を学ぶための研修、活動内容の体験発表や情報交換をしています。（2008年11月15日発行『つなぐ—高齢者の人権を守って4半世紀—』編集：25周年記念誌編集委員会、社会福祉法人きらくえん、を中心にまとめました）

第 **5** 章

阪神大震災からケア付き仮設へ

避難所の体育館にあふれる阪神・淡路大震災の避難者

超高層マンション24階の恐怖

1995年1月17日午前5時46分、のちに阪神・淡路大震災と呼ばれるマグニチュード7.2、震度7の直下型大地震が突如として私たちを襲った。その日、私は兵庫県と大手建設会社などが「21世紀の未来都市」とうたい、海を埋め立てて開発した芦屋浜シーサイドタウンの超高層分譲マンション24階の自宅で被災した。夫と2人暮らしであったが嵐の海に漂う小舟さながらの揺れで、起き上がることもできなかった。すべての家具が倒壊し、室内のドアは開かなくなり、瓦礫と化した家財が小山をなしていた。

自室で本に埋まっていた夫と顔を合わせたのは約2時間後であった。窓から西を見ると神戸の方向にいくつも火の手が上がっていた。娘たちが住むあたりにも火が見える。ただならぬ事態に不安にかられたが、「喜楽苑は無事」という事務長の電話がかかってきた。尼崎に住む夫の母と私の父の無事は電話で確かめられたが、神戸市東灘区に住む娘たちは電話も通じず、音信不通であった。

エレベーターが動かないため一気に地上まで駆け下り、知り合いの車に便乗し、まず娘たちが心配でその安否を確かめるべく、午前8時過ぎに西を目指した。走りだすとショックの連続であった。芦屋川沿いの多くの家が無残に倒壊し、東西の道は、倒壊した家々がふさいで車が入れない。何度も引き返し、すでに混雑が始まっていたが国道43号に出た。芦屋川から、西へ走った時、阪神高速道路が延々と倒壊している現場に出くわした。

あんなに驚いたことはない。目を疑った。住んでいたマンションが「よく折れなかったね」とふるえながら話しあった。ひしゃげた車のなかに犠牲者がそのままであるのもチラと目にした。東灘区本山中町へ入ると、娘の住むマンションの周辺すべてが潰れており、娘は2人とも死んだのではないかとの不安で走る足がガクガクふるえたが、娘のマンションはそこだけ奇跡のようにスックと建っており、2人は生きていた。

たまらなく喜楽苑が心配になった。すぐにとって返し、ひたすら国道2号を東へ、途中で国道43号に入り、尼崎を目指した。国道2号沿いでは、まるで地からわいたように、全壊した家々のまわりに毛布などをかぶってハダシで立ちつくしている人々がいた。西宮戎神社周辺の国道43号は、落ち込んだのか、隆起したのかわからないが、一度車をバックさせアクセルを踏み直さないと越えられないようなすごい段差があった。渋滞が増し、車が動けないので、戎神社のトイレに走る人が多かった。

武庫川の橋を東へ越え、西宮から尼崎に入って少し行くとガラリと様子が変わった。西宮まではほとんど全壊していた屋根瓦の民家が、尼崎ではちゃんと立っているのだ。信じられないような差であった。その後、喜楽苑へと向かい、午後1時ごろに到着した。

妙に静かだった喜楽苑

建物はしっかりと建っており、なかに入ると妙に静かであった。食堂へ行くと何ごともなかったかのように、まだ昼食中の人もいた。テレビの興奮した声が異様にさえ思われた。職員もいつもと同じような対応をしていた。入居者、職員共に無事で安堵したが、この時は、被災地も含めて、日本中がまだ事態をよくのみこめず心理的な真空状態にあったように思う。

老いても障がいをもっても「普通の生活」の継続を目指す。これが喜楽苑の運営方針である。その一環として、思い出のある家具の持ち込みや専用電話を引くことも自由である。したがって入居者のベッドのまわりには、古い桐のタンスや仏壇などが所狭しと並んでいる。しかしそのほとんどが採光に配慮し、ベッドと直角に置かれていたのが幸いした。ベッドと平行に倒れてくれたのである。1カ所ベッドを直撃したタンスの主は、たまたまトイレに立った後であった。

日本の特養の職員配置は実に貧しい。当法人では自助努力でかなりの加配をしているが、50人の定員で昼は6〜7人、夜は2人の寮母の配置がやっとである。後で聞いたところによると、地震発生時、2人の夜勤者はおむつ交換をしていたが、あまりの激しい揺れにまったく動けず、目の前の1人の入居者をかばうことしかできなかったという。近隣に住む職員4、5

人が、すぐに駆けつけてくれた時、「神様に見えた」と述懐している。

痴呆症の方が多い施設であるが、入居者のパニックはなく、さすが人生の大先輩、と皆で感服したそうである。関東大震災に遭遇した人もおり、その後の余震にも動じなかったが、刻々と報道されるテレビの凄惨な画面に反応し、痴呆症の方々が抱きついてこられた。

そのあと、喜楽苑の職員に頼み、もう一度車で娘の救出に神戸に向かったが、武庫川から西はまったく動けず、引き返した。そしてそれっきり、娘との連絡はとだえてしまった。私は以来、3月末まで自宅に戻れず、喜楽苑を避難所としながら震災後の対策に忙殺される日々を送ることになる。

直後の対策と被災状況の把握

ただでさえ少ない職員の3割強が、交通途絶等により当分は出勤できないことがその日の夕刻に判明した。緊急事態に対応するため、とりあえず次の指示を行った。

①24時間の介護を要する特養入居者の生命を守ることを第一義とし、水と食糧の確保に全力をあげる。
②車両が動けず、利用者の状況も不明であるため、併設のデイサービスの通所事業と訪問入浴サービスを、当面中止し、それらの職員は特養を応援する。
③近隣の独居世帯への毎日の配食サービスは本日も含めて続行する。
④デイサービス利用者、連絡のつかない職員、入居者・職員の家族、95年度採用内定職員など約300人余の安否確認とその救出。

キリッと締まった職員の顔に私自身の決意を重ねた。

1月18日は建物内外の被災状況を点検し写真にとり、ファックスで県へ報告した。

1月20日、300人余の安否確認がほぼ完了し、自宅が全半壊した職員は

62人に上ることが判明した。緊急に文化住宅を3軒借りて対応する。また、利用者の1人が避難所で風邪をこじらせて死亡していた。女性職員が神戸市のマンションで脱水症にかかっていたところを救出。私の娘も同じく避難所の本山第一小学校で高熱に苦しんでいたところを探し出してもらった。

1月24日にやっと職員が揃う。他県の老人ホーム職員やボランティアの応援も増えてくる。喜楽苑のライフラインも復旧した。緊急会議を招集し地域支援を全員で決定する。

この間、私の記憶に誤りがなければ、兵庫県・尼崎市の関係機関からは、ファックスによる被災調査は次々と入ってくるものの、視察は一度もなかった。したがって、一方的送信ばかりで、直後の関連情報もつかめない。私たち福祉施設が、今何をなすべきかの指示もない。緊急保護を必要とする被災高齢者の家族の相談が殺到し、定員外のショートステイを受けざるをえない。施設長の判断で決定し、あとで報告するという状況であった。

あまりに施設まかせの対応が続くので、尼崎市内の高齢者施設の関係者が集まり、1月27日老人福祉課へ出向いた。市役所内は騒然としており、老人福祉課は救援物資の受配に追われ、「施設の判断で動いてほしい」といわれただけであった。このような状況は、法人が、芦屋市潮見町において建設中であった「あしや喜楽苑」が被災していることを確かめた1月20日、協議のためにとびこんだ芦屋市役所においては、もっとすさまじかった。激震地芦屋市は、市役所も足の踏み場もないほど避難者であふれ、親族を亡くした職員も、自ら家の下敷きになり九死に一生を得た職員も、市民の遺体の収容と事後の手配、そして昼夜を分かたぬ救援物資の受配作業に追われ、ヒゲはのび放題、土色の顔をされていた。あまりの壮絶な状況に言葉もなかったことを記憶している。

地域支援に踏みだす

1月24日より喜楽苑が取り組んだ地域支援の概況は、3月15日現在でまとめた支援の内容は以下のようなものである。

(1) 緊急ショートステイを定員にこだわらず可能なかぎり受け入れる。
当法人が運営する「いくの喜楽苑」と合わせて13人を受け入れた（その後、県よりの通達で上限を設け、緊急措置制度も導入される）。
　いくの喜楽苑にはパトカーの先導を受けて芦屋市内の高齢者を運び、約2年間にわたって高齢者を預かってもらうことになった。
(2) すべての浴室を市民に開放
尼崎市内の避難所や断水の続く芦屋市からも入りに来られた。知的障がい者施設全員の利用もあった。18日間実施する。
(3) 避難所への支援
仮設トイレのひどさに驚き、ポータブルトイレの提供や必要な生活物資を配布すると共に相談活動を行った。14カ所の避難所を98回訪問。
派遣職員25人、延べ258人（1995年3月15日現在）
　いちばん大きな問題はトイレだった。仮設トイレの段差がひどく高齢者や障がい者は使えなかった。体育館から屋外トイレに行くのも大変であり、トイレを我慢して水分を取らない高齢者も多かった。
(4) 困窮度の高い他施設への職員派遣
2人。
(5) 建設中のケアハウス「あしや喜楽苑」の申込者65人の安否確認と状況把握
1月16日夕刻まで面接調査を行っていて、古い木造住宅の居住者が多かったので非常に心配であった。
(6) 相談援助活動
電話を含め尼崎・芦屋両市で1024件（1995年3月15日現在）
(7) 海外を含む全国からの救援申し出の仲介と調整
約100件（1995年3月15日現在）
(8) 芦屋市の救援物資受け入れの応援
職員8人が10日間。

思い返せば一日中受話器を握っていた日々であった。

震災の前日、私は、4月1日に開設予定であった「あしや喜楽苑」に併設する予定だったケアハウスの申込者65人の面接をしていた。その方々の住まいが倒壊しているのではないかと心配し、ボランティアと職員6人がバイクで訪問した。70%の方が大きな被害を受け、人工透析を受けていた方が亡くなっていた。

救援の申し出あいつぐ

喜楽苑への救援の申し出は1カ月後約200件に達した。1992年にホームステイをし、痴呆症のグループホームなどを訪れたスウェーデンのヴェストマンランド県からは「介護が必要な人々のために480室を準備した。空港に救急車を配置。医師、看護婦なども待機させる。身一つで飛んでさえくれば、あとはすべて責任をもつ」との連絡が入った。ある大学からは副学長が自ら来苑され「医師、手話通訳者、介護スタッフを多数派遣したいので仲介を」との申し出があった。送迎つきで痴呆症の方々を預かりたいと電話してこられた他県の病院もあった。兵庫県や被災各市に仲介したが、直後の混乱のなか、実現には至らなかった。

全国各地の老人ホームなど60カ所から職員派遣、物資・義援金の支援も受けた。青森県からは自転車10台が、三重県・大阪市からはオートバイが届き交通途絶のなかで重宝した。3回も夜を徹して車を走らせ、腐らない電子水を運んでくれた三重県の施設、地震で傾いた「あしや喜楽苑」を心配し、青森から夜行列車で3回も足を運ばれた施設長、長期にわたり職員を派遣してくださった東京都の施設など枚挙に暇がない。

喜楽苑のもう一つの運営の柱である「民主的経営」は、入居者自治会・家族会・職員労働組合の協同である。次には喜楽苑を核にした19団体1万5000人の地域組織、実数350人のボランティア、年間延べ2000日を超える実習生、全室個室化を実現した「いくの喜楽苑」と合わせて年間4000人の見学者など多くの人たちとの連帯である。危急の時のこれらの支援は、このような取り組みのなかで福祉への熱い思いを語り合った人々であった。

仮設住宅でのグループホームケアを訴え

開設を目前に被災した「あしや喜楽苑」では、その時点ですでに40人の職員の採用が決定していた。現地を見せ、職員に今後の去就を問うと、1人を除いて全員が「再建を待つ」といってくれた。その気持ちはうれしかったものの、法人はこれら職員の人件費確保にも迫られることになった。

まもなく、仮設住宅の建設についてさかんに報道されるようになり、「仮設のグループホームが必要だ」と強く思った。というのは、避難所や施設を転々とされ、「死んだほうがまし」という思いのお年寄りたちを見てきたからである。避難所の環境は最悪だった。夜は人のうめき声やいびきが聞こえて睡眠不足になる人が多かった。段差も大きくトイレが不足しているため、高齢者などは水を飲まないでトイレに行くのを我慢してしまう。風通しが悪く空気も汚れているという状態だった。高齢者や障がい者、病弱な人などを中心に「震災関連死」が予想された。これまでに、6人ぐらいの少人数でそれぞれ個室をもちながら共同で住み、専門スタッフが交代で24時間ケアにあたる家庭的な住まいであるスウェーデンのグループホームをいくつも見ていたため、このような落ち着いた環境に早く高齢者や障がい者を移す必要があると感じた。

大きかった浅野宮城県知事の被災地訪問

震災1週間後から、喜楽苑のある尼崎市や、新しい施設を建設中だった芦屋市に、グループホーム形式の24時間ケア付の仮設住宅建設を提案し続けた。震災で全半壊した在宅の要介護者をその後、施設などが定数外で最高時累計2900人も緊急保護していたが、直感として、そのような手だてだけではとても足りないと思ったからだった。しかし、市職員らは徹夜続きでみんな疲労困憊の土色の顔をしていた。「市レベルの対応はすぐには無理だろう」と判断して2月1日、バスを乗り継いで兵庫県庁に飛び込んだところ、高齢者福祉の担当課長は、私の話を熱心に聴いてくれた。

法人の事情も正直に話した。「文化の拠点」をうたい、ミニ美術館やコンサートなどが開ける地域交流スペースを備えた法人三つ目の「あしや喜楽苑」の建物が4月1日の開設を控え、震災で大きく傾いてしまったこと。施設認可をまだ受けていなかったため、国の福祉施設等震災復旧費の補助対象にならず、その再建は大幅に遅れることになったこと。開設を予定して採用した職員40人の仕事の確保が焦眉の課題であることなどであった。至急にケア付仮設住宅を建設し彼らを活用してほしいとあわせてお願いした。

自治体の対応は早かった。芦屋市は2月中旬には庁内で意思統一をし、3月早々に補正予算を組み、3月2日付で入居者募集を通知、4月1日に最初のケア付き仮設住宅がオープンし、喜楽苑が運営を任された。兵庫県も、厚生省とかけあい4月10日付でグループホームケア事業実施の通知を得るという具合に進み、その枠組みは異例のスピードで整えられたのである。

後で聞いた話であるが、宮城県の浅野史郎知事（当時）が2月初めに被災地を視察し、避難所での高齢者の生活環境の酷さに心を痛め、宮城県の関係部局に支援策を諮ったというのである。これに賛同した人たちを集めて「阪神大震災の被災者に住宅を提供する宮城県民の会」（代表世話人・浅野知事）が2月24日に設立され、1億円を目標にした義捐金を呼びかけるなど、県を挙げてのボランティア事業が始まった。

県の外郭団体に事務局を置いて具体的な事業が始まり、3月31日までに1億1千万円相当の寄付金と建設資材などが寄せられた。喜楽苑が運営した4棟のケア付き仮設住宅の最初の1棟は、宮城県から派遣された大工さんが建てるなど、宮城県民からのプレゼントであった。浅野さんは福祉分野を担当していた元厚生官僚である。その行動や意見が国や自治体を動かしたと想像してもおかしくはない。浅野さんとは、その後懇意になったが、当時は「知らない者同士」であった。行政のすばやい対応の裏には、トップと現場の者が、被災した高齢者や障がい者の実情に対して同じ思いを抱き、共通した提案をしたことが大きかったのかもしれない。（財団法人高齢者住宅財団『財団ニュース』vol. 12、1996年4月20日発行、落合明美「レポー

ト・芦屋市『グループホーム型』ケア付き仮設住宅の試み」、26〜36頁参照）

「人生これから明日に生きる」
―ケア付き仮設住宅がオープン

4月1日、被災地のトップを切って芦屋市が「高齢者・障害者向け地域型仮設住宅グループホームケア型」4棟（呉川町3棟、高浜町1棟）を開設。喜楽苑はその運営を任された。平屋建て1棟に約16㎡の個室が14人分、50㎡ほどの台所と居間が共用スペースとして確保されている。洋室か和室を選べ、1人1室。夫婦は2部屋を使える。1間の押入れとゆったりしたトイレと洗面所が付いている。台所と風呂は共同で使用。震災の特例で利用者からの費用徴収はない。なお、食費や水光熱費は実費負担。共益費は3000円であった（住友生命社会福祉事業団『季刊まごの手通信』No.17より転載）。

ケア付き仮設住宅の設計や設備にも、現場にいる私たちの要望が取り入れられた。他の人に気を使わないで済むようトイレと洗面台は共用ではなく各個室にあり、浴室は二つ、真ん中にリビングルームを置き、調理台は3カ所にある。自分でご飯を作るなど、できるかぎり従来の日常生活に近づけることが高齢者の健康状態にもプラスになるからである。ただ、寝床はベッドにした。仮設住宅の床はふつうの住宅と比べて地面に近いため底冷えがする、ふとんでは寒さが体に伝わってしまうからである。そのベッドは企業に寄贈してもらったものである。病院などのベッドは当時、電動式に変わりつつあり、手回しで背中を上げる旧式のベッドが売れ残っているだろう、と目をつけたのである。

自宅が潰れ、足を傷めてケア付き仮設に入居した80歳代の女性は「死んだほうがまし」と泣いていたが、入居後は手芸に精を出し、浴室の暖簾に「人生これから明日に生きる」という刺繍を縫いこむくらいに心身共元気になられた。この女性はその後、喜楽苑のケアハウスに入居し103歳まで生きられた。

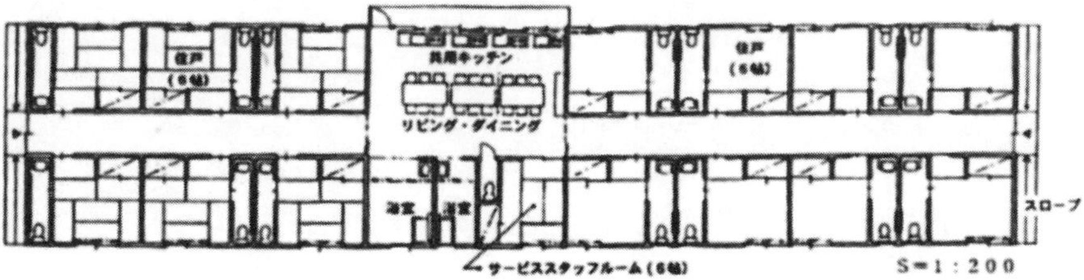

平屋建てのケア付き仮設住宅

ケアスタッフは24時間体制で1棟に常時1人の配置である。入居者50余人のほとんどは自宅が全壊、夫を亡くし、自らも大けがをした人もいる。心身共に介護を要する人が多くて驚いた。開設当初は入院患者が続出した。不安と、慢性疾患の放置や避難所などでの食事の偏りが原因だと思った。徹底して受容し共感する心のケアと、地域の医師への仲介、食事づくりを当面のケア指針とした。

関係機関やボランティア、地域の協力を得て本物のグループホームを指向したいと思った。食事をつくれない人が多く、市福祉公社からの毎夕食の宅配と、市民のボランティア約50人に交替で週3回の昼食づくりを依頼した。入浴介助、掃除、散歩の付き添いには、日赤ボランティア、通院介助にはホームヘルパーを頼んだ。デイサービスセンターに通う人もいる。関係機関との連絡会議や市のサービス調整チームに参画し、ケース検討会議も行っている。

呉川町ケア付仮設住宅は、1棟14戸で1カ所のコモンスペースを共有し、4棟を喜楽苑の職員（以下援助員）16人（常勤換算）　のチームでケアする態勢をとっていたが、いずれの棟も災害救助法による応急仮

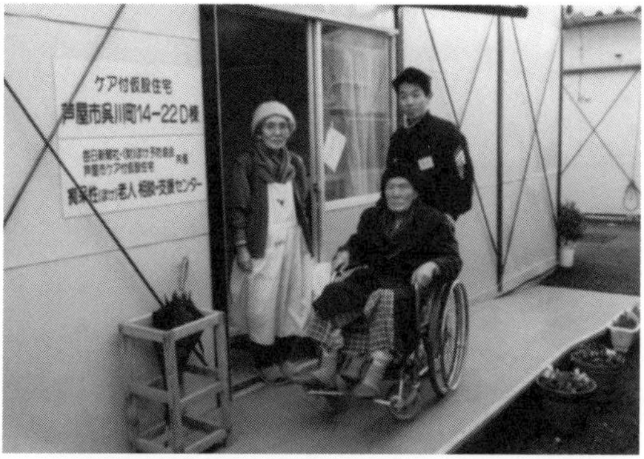

玄関先にスロープを配したケア付き仮設住宅

設住宅であることを顕著に示し、年齢や障がいが多岐にわたっていた。

仮設入居者への支援を組織化

事業開始直後は、医療がとぎれ、食事を自力でつくれる方もわずかで、栄養の偏りもあり、救急車を呼ぶ事態が続出した。また、夫が目前で亡くなった方が2人、本人あるいは配偶者が大怪我をし、突如として要介護者あるいは介護者となった方もいて、地震の恐怖に加えて住居や家財の喪失感も強くPTSD（心的外傷後ストレス症候群）をはじめ、精神的に不安定な状態の方が少なくなかった。

そこで、援助員のなかに配置されていた保健婦を中心に医療とつなぎ、多数のボランティアを組織化しコモンスペースでの昼食づくりを定着化させ、夕食は市のハートフル福祉公社の配食サービスを利用できるようにした。さらに、すべてを受容し、一人ひとりの人間の尊厳を守るケアの姿勢の徹底と、棟ごとに頻繁に行うお茶会や、外食ツアー、一泊旅行や四季の行事などの楽しい取り組みを充実させる心のケアに努めた結果、2〜3カ月後には心身共に改善がみられ、落ち着いた生活ができるようになった。

昼食づくりが始まってしばらくするとピタリと入院者がいなくなった。昨夏の酷暑も今冬の厳しい寒さも元気で乗り切ることができ喜んでいる。また知的障がい者、精神障がい者、痴呆症の方々に著しい改善がみられ、関係者の注目を集めている。

その後、尼崎市でも5月より2棟（杭瀬新町）の運営を任され、同様のケア指針のもと良い成果をあげている。また7月よりは小田南仮設住宅ふれあいセンターの運営も受託、自治会や多くの地方関係団体・市民・ボランティアと共に仮設住宅に住む被災者への支援を積極的に取り組んでいる。

高齢者・障がい者向け地域型仮設住宅は、次の二つのタイプに分けられる。

〔タイプⅠ〕生活援助員派遣型

生活相談や安否確認、在宅福祉サービス利用のコーディネートを行う生活援助員のいるタイプ。生活援助員は50世帯に１人。月～金曜日、9時～17時まで。

〔タイプⅡ〕グループホーム型

身体介助・家事援助・生活相談などを行う援助員のいるタイプ

１棟に常時援助員１人。24時間体制。

設置戸数は尼崎がタイプⅡのみ48戸、西宮市はⅠが126戸、Ⅱが60戸、芦屋市はⅠが98戸、Ⅱが56戸、宝塚市がⅡのみ27戸、神戸市はⅠのみ1500戸で合計1915戸に達した。

だが、スウェーデンに及ぶべくもないケアスタッフの数である。高齢者14人当たりで換算した場合の職員数を比較すると、北欧のグループホームは14人（高齢者１人に対して職員１人として換算）。日本の特養ホーム並みの配置は5～6人（食事・ケアも提供）。それに対し、芦屋市のケア付き仮設住宅の場合、タイプⅠで4人（一部介助で想定）、タイプⅡで2人（ケアなし、巡回・見守り）であった。

老人ホームの機能・ノウハウを生かそう

3月21日付の県調査によると、県下の特養109施設中、建物被災は53施設であるが、半壊の１施設を除き他は一部損壊であった。施設内での人的被害も負傷者2人にとどまっている。県の条例により、鉄筋コンクリートでの建設が課せられていること、低層であったこと、1981年以降の新耐震基準以降に建てられた建物が多かったのが幸いしたと思える。

また、喜楽苑のみならず県下の老人ホームの多くは、県老人福祉施設連盟の現地救済対策本部のもと、その機能とノウハウを最大限に活用し、目を見張る地域支援活動を展開した。連盟では、避難所生活の長期化に伴い心身機能の低下が懸念される高齢者等の早期発見と介護に関する相談・指導を行うために介護支援チームを各避難所に派遣した。その結果、県下の老人ホームに緊急入所した被災高齢者の数は4月末で累計2900人にも上っている。近隣住民300人の避難所になった施設、喜楽苑と同じく介護支援チームを組み避難所支援にあたった施設、献身的に救援物資の受配を受けもった施設、職員派遣・物資・義援金で支えた施設と多方面にわたる活動であった。

2月6日、兵庫県は復興県営住宅に共同居住型集合住宅を採用する方針を発表した。全国で初の試みである。「震災は不幸な出来事ではあったが、そのなかで培った数々の試みが福祉のまちづくりにつながった」と喜び合えるよう、長年の夢をかけて実践を深める決意である。

ケア付仮設入居者9割弱が「満足」

その後、時の経過と共に、このようなケア付き仮設住宅への入居者の評価は、ますます高まり、神戸大学（当時）の児玉善郎先生と学生による入居者調査（95年10月～96年2月に実施）において、実に87.3%の人から「満足」という回答が寄せられた。

ケア付き仮設住宅で実施されたサービスの主な内容は以下のとおりである。

①居室の掃除、洗濯、買物代行または付き添い、調理と調理援助などの家事援助。

②食事・入浴介助、少数例ではあるが失禁対応、散歩などの付き添い、精神障がい・痴呆症の方などへのセラピー、入居者の話し相手などの介護的援助。

③健康問題や生活上のさまざまな問題・不安に関する相談、調整、手続き代行などの相談業務。

④個別の外出・外食の同伴、グループでの買物・食事、四季の行事、日帰り旅行・一泊旅行など、生活の活性化を目指すアクティビティ。

⑤建物の保守、コモンスペース・外溝などの清掃と環境整備などの管理業務。

そして、これら各々のサービスは対象者を固定せず、入居者の心身状況の変化などによって日々変わると共に、重なり合って提供されることも多くあった。

それに対する入居者および援助員の具体的な評価は以下のとおりであった。

①24時間態勢で援助員が身近に「存在」していることによる安心感がある。
②したがって前述のような多様な生活援助サービスが、24時間いつでも必要なときに利用できる「即応性」と「継続性」が確保できる。
③１棟に常時１人か２人というマンパワーの限界はあるものの、福祉・保健の専門職によるチームで構成されているため、サービスの総合検討、いわゆるケアマネージメントが可能である。
④専門職チームによる24時間の見守りがあるため、心身の異変をすばやくキャッチでき予防的対応が可能である。
⑤個室の保障をベースにしながらのゆるやかな共同生活形態は、単に入居者の孤独感を解放するだけでなく、入居者相互の人間関係が形づくられるなかでの適度な緊張関係が存在し、トラブルも当然発生するものの、社会性の維持、生活意欲の向上などの積極的な変化がみられる。
⑤援助員によるグループワーク的な生活支援のなかで醸成されてくる入居者自身の自治共生意識が高揚する。

老人ホームなどの施設と比較し、スリムなスタッフ数でありながら、住み慣れた町で高い質の生活が保障されるこの住まい方は、財源問題やマンパワー確保の問題も含めて21世紀を展望する高齢者の新たな住まい方だと思う。施設か在宅かの二者択一から第三の住まいとして、またノーマライゼーション理念の追求からもぜひ恒久住宅として制度化してほしいと願っている。

協同居住型集合住宅のメリット

年齢や障がいが異なるケア付仮設ではあったが、思いもかけず入居者間のインフォーマルケアが日常生活のなかで展開され、これまでの年齢別、障がい種別のケアのあり方への再考をせまるものとなった。たとえば、

①精神障がいの50歳代の女性が、60歳代～90歳代の高齢者とコモンスペースで共にテレビを楽しみ、談笑の時間を長くもつことにより、不安感がしだいに消滅し、主治医が驚くほどの改善がみられた。
②身体障がいの60歳代男性、70歳代女性が洗濯や買い物、調理などで思うように動けず困っているときに精神障がいの女性が常に援助する。
③比較的心身状況が元気な80歳代男性が痴呆症の90歳代女性や80歳代男性の散歩の付き添いを自発的に行う。
④30歳代の脳性麻痺の青年を囲んで高齢者の団欒風景がみられた。またそのなかで生活行為を援助する行動がみられた。
⑤風邪など病気の際の見舞いや援助があった。

ケア付き仮設では高齢者が孤独にならない工夫を凝らした

⑥脳梗塞で入院し死亡した80歳代女性の通夜・葬儀への多数の参列と、故人への深い追慕の情を示される風景があった。
⑦旧幣を好む自立度の高い80歳代の男性は、これまで「男子厨房に入るべからず」の忠実な実践

者であったが、障がい者の人たちが残存能力を生かし、食事をつくる姿に心を動かされ、自分で調理をするようになった。さらに行き来のなかった家族とも和解し、「ケア付仮設での生活が自分の生き方を前進させた」と喜ばれた、などである。

ここに挙げたのは、わずかな事例だが、ほかにも数々のすばらしい情景が生まれた。

障がいの種別やその程度が違うため、各々の異なった残存能力を互いに生かし合っての共生の姿は、実に感動的であり、示唆に富んでいた。また、被災後、息子や娘など親族との急な同居でトラブルが発生し、ケア付仮設へ入居した方、親族がいても同居できない事情の方も多数おられた。

ケア保障で蘇る本来の親族の愛情

しかし、ケア付仮設で援助員によるケアが保障されることによって親族は義務的な拘束や過重な負担から解放され、その心の余裕が本来の愛情を取り戻すことにつながり、頻繁な訪問へと発展するケースが多く見受けられた。そして、訪問時には食事・洗濯・掃除などをしてくださった。「地域型」であるため、知人・友人の訪問も多く、前述した30歳代の脳性麻痺の青年の居室から、その青年に将棋を習う近隣の子どもたちの歓声が聞こえるという明るい光景もしばしばあった。

ボランティアは年間延べ1000人に及び、手づくりの昼食づくりの「ランチグループ」や家事援助・話し相手・入浴介助・行事の手伝いなど多彩な支援を展開する「日赤ボランティア」など多くの人たちに助けられた。

また、芦屋のケア付仮設は市福祉公社よりの毎夕食の配食サービスと、ホームヘルパーの派遣、医師の往診や、保健婦の訪問、市のケースワーカーとスタッフとの緊密なコミュニケーションなど、医療や市の在宅福祉サービスを取り込んだ。デイサービスセンターへ通う人もいた。また援助員は、市のサービス調整チームの一員としてケース検討会議や、精神保健関係の会合や研修にも参加し、学んだ。多くの関係者と連携することにより多岐にわたる総合的なサポートも可能になっていった。

ケア付仮設は、まさに住宅であり「在宅」であった。この実践に学んだ、今後の展望としては、第一に、多機能なサービスを備えた福祉施設を拠点に、ケア付仮設を発展させた高齢者のための恒久住宅をサテライト的に整備するべきであるということ。第二には、その拠点施設の在宅福祉サービスの活用によって、できるだけ自立した生活を長く継続させることが重要であるということである。

第6章

復興公営住宅とLSA派遣事業

LSAの訪問活動で孤立死ゼロに

南芦屋浜でのLSA（生活自立支援員）派遣

被災地では大震災から3年余をへた98年4月から6月にかけて新しく建設された2万5000戸の復興公営住宅（以下、復興公営）が完成し、行き場がなく仮設住宅で暮らしていた人や、仮住まいをしていた人たちが一挙に入居していった。仮設住宅はすべて撤去され、ケア付仮設でやっと安心して暮らしていた人たちも、またもや転居を強いられることになった。復興公営に入居する人たちは高齢者が多く、しかも生活支援や介護を必要とする人たちが大勢いた。独居高齢者の比率も非常に高く、行政もさすがになんらかの手だてをとらざるをえなかった。

このような事情のなか、復興公営にはシルバーハウジング（バリアフリー・緊急通報装置付の公営住宅、以下シルバー）が約4000戸も組み込まれ、公営住宅では初めての試みであるコレクティヴハウジング（協同居住型集合住宅、以下、コレクティヴ）も261戸組み込まれた。そして、それらの住宅にLSA（生活支援員）を配置することになったのだ。

私たち喜楽苑も98年度から芦屋市と尼崎市の委託を受けて、あわせて380戸のシルバーとコレクティヴ30戸へのLSA派遣事業を行うことになった。また、シルバーやコレクティヴ以外に住む高齢者や障がい者、アルコール依存症などリスクの高い人たちへの生活自立支援事業もあわせて行うことになった。

ここでは私が直接関わった芦屋市の南芦屋浜復興公営（以下、南芦屋浜）の状況を述べたいと思う。南芦屋浜の総戸数は市営・県営あわせて814戸、そして、そのなかの230戸がシルバーである。98年4月以来230戸のシルバーにLSAを派遣することとあわせて、およそ全戸数の6割にあたる人たちへの生活自立支援事業も行っている。

私たちは南芦屋浜で毎年、調査を行ってきたが、99年12月時点での南芦屋浜の高齢化率は43.6％だった。2013年8月には、高齢化率53.2％、単身高齢世帯率51％となった。新聞報道によると、被災地全域の新たに建設された復興公営住宅約2万5000戸の高齢率が50.2％、単身高齢世帯率が

46%。このうち、2000年以後に孤立死が累計で864人。震災直後の仮設住宅での孤立死は233人であるから合計約1100人近くの人たちが孤立死したことになる。

孤立を救うLSA24時間の見守り

南芦屋浜のLSA派遣事業の人件費は年間約3700万円である。この金額で230戸のシルバーへの派遣事業とその他の約400戸の自立支援事業を365日、24時間態勢で行わねばならない。昼間最低4人、夜間2人の配置も義務づけられている。現在11人のLSAが交代で勤務し、緊急通報装置への対応や居住者からの電話対応をしている。

ちなみに現在、シルバーは被災地で一挙に4000戸つくられたものを含めて、全国で約1万2000戸あるが、24時間態勢をとっているのは南芦屋浜だけである。正規の専門職3人と非常勤8人で、被災後の仮設住宅で起きた孤立死233人の悲惨を二度と繰り返してはならないと肝に銘じて頑張っている。

一日に約80軒から100軒の訪問活動を行い、単に安全確認や相談にのるだけではなく必要な人には家事援助や身体介護まで行っている。そしてこのような実践のなかで次のようなこともまた明らかになってきた。

南芦屋浜復興公営住宅では緊急通報装置を使って24時間の見守りを実現

介護保険制度のもとで、在宅福祉サービスを希望する人にはホームヘルパーや訪問看護婦を派遣する制度があり、介護度が高い人にはヘルパーが毎日訪問する場合もある。しかし、独居や老夫婦世帯の人たちは、ヘルパーが帰ったあとの一日の大部分の時間をやはり、

1人きりや2人きりで過ごさねばならない。しかもこれまで住んだ経験のない殺伐とした埋立地にできた10階建て、12階建ての鉄の扉のなかで彼らは孤立した生活をしている。

ヘルパーや訪問看護婦が帰ったあと、言い換えると、在宅福祉サービスが届かない隙間、隙間に起こるさまざまなアクシデントに、団地内にLSAが24時間待機していることが有効に働きだしたのである。そんな人たちの緊急通報装置が鳴ると深夜でもすぐに飛んでいくことができるからだ。

高齢者のもとへ駆けつけ電球を替える

事例を挙げると、90度近く腰が曲がった一人暮らしの高齢女性が夕飯を食べようと思ったら電球が切れてしまった。腰が曲がっているので自分では替えることができないので通報が入った。そこで、職員が飛んで行ってすぐに電球をつけた。南芦屋浜は索漠とした広大な埋立地で夜は真っ暗なまちだ。もしLSAがいなければ、その女性は次の朝まで一人で真っ暗な部屋で過ごさなければならず、寂しくて気持ちが落ち込んだことだろう。またある朝、ジャムの蓋が開けられないという通報が入り、かけつけて開けた。この支援がなければ食パンに何もつけずに食べることになっただろう。

この積み重ねは大きいと思う。もちろん、気分が悪い、倒れたなどの大事を救ったことも数多くあるし、残念ながら亡くなっていた人もいたが、すでに訪問活動でリスクの高い人がわかっていたので、見まわるなかで新聞受けの異常からすぐに発見にいたった。1960年代から70年代に形成された大都市近郊団地の高齢化が各地で深刻になっているが、このようなシステムをそれぞれの地域に導入することにより、かなり長く自宅で暮らすことができるのではないだろうか。被災地のみならず一般化できる有効なシステムだと思う。

15年間孤立死ゼロを達成

その成果は、数字のうえにも現れている。南芦屋浜復興公営住宅でLSAを派遣するようになった1998年4月から今日までの15年間、「孤立死ゼロ」を達成している。被災地の復興公営住宅全体では年平均約60人の孤立死が続いており、南芦屋浜の孤立死ゼロは24時間体制でLSAが常駐する見守りと支援のシステムが生み出したものといえる。

ただ、この間にも居住者の高齢化は進行し続けている。LSA事業の1カ月分の業務日誌を比較分析してみるとそれは明らかだ。たとえば、2003年11月の居住者への生活支援の内容では、緊急通報装置が発報し、救急車の要請といった「緊急時の援助」は28件であった。援助回数の多い順では、「話し相手」がトップの233件（うち30分以上の長い傾聴が123件）、次いで「住生活維持への援助（電球の取替え、修理・取り付け、家具移動、コピー代行など）」164件、「機関連携（ケアマネージャー、在宅介護支援センター、市役所などに話をつなぐ）」159件だった。ところが、5年半後の2009年3月では、「緊急時の援助」が60件、「住生活維持への援助」が337件、次いで「話し相手」の286件（うち30分以上の長い傾聴は33件）、「機関連携」103件の順になった。「緊急時の援助」や「住生活維持への援助」が約2倍になっているのも、高齢化、重度化の影響とみられる。

と同時に、「話し相手」の時間が短くなったのも特徴的である。LSAがお年寄りの話を30分以上聴く「長い傾聴」では、2003年時は「健康面の話」27件、「昔の話」22件、さらに「家族の話（トラブル）」14件、「隣人関係トラブル」13件、「精神面の不安」11件という順であった。これらから高齢者の孤独や寂しさに苛まれる不安心理が垣間みえるが、2009年時では、「長い傾聴」全体が4分の1近くに減り、「健康面」が9件、「昔の話」6件、「家族の話」4件、「精神面の不安」2件とそれぞれ大幅に減っている。一方、「30分以内の短い傾聴」では、「健康面の話」が2003年の24件から2009年時の92件へ、「日常的な話」が15件から65件に大幅に増えているのに対し、「隣人関係」は「長い傾聴」を合わせても数件（2003年時は長・

短合計22件）にとどまっている。

そこからは、LSAの取り組みが日常化し、居住する高齢者の不安が軽減されていることが読み取れる。ただ、居住者の高齢化に伴い、その対応も変化せざるをえない。たとえば、食事会などのイベントは高齢化に伴い、最近は参加者が減る傾向にあったが、高齢者宅にLSAやヘルパーが迎えに行くなどして今は参加者を増やしているなどである。

老人ホームは災害支援の拠点に最適

このような体験を通して老人ホームは災害時の避難の拠点、地域支援の拠点に最適ではないかと思った。すでに車椅子対応ができるバリアフリー仕様と床暖房、スプリンクラー等、災害弱者と呼ばれる人たちの住まいとしての基本的な条件は整っている。加えて早急に建築・設備基準を引き上げ、避難スペースの確保や食料・医薬品の備蓄、容量の大きい貯水槽、自家発電、代替エネルギー切替装置等の装備をするべきである。職員配置基準も抜本的に改め、医師、看護婦、理学・作業・言語療法士、栄養士、社会福祉士、介護福祉士、調理員等の専門スタッフを十分に配置すべきである。

そして、都市部、郡部を問わず、地域の中心部の最も便利な場所に位置させるべきだ。そうすれば老人ホームはきっと老人や子ども、障がい者などの危急時の避難場所として存分の機能を発揮するに違いない。前述の目をみはる活動をした老人ホームのほとんどは、緊急時のアクセスが便利なまちのなかにあった。郊外の施設は交通が遮断されるとどうすることもできない。

人口1、2万単位で小規模でも多機能な施設を

人口1、2万人単位で小規模でも多機能の高齢者施設を整備すべきである。この規模だと介護を要する高齢者は100～200人。不測の事態が起

こっても地域で十分に視野に入れることができる人数である。なぜなら、この震災で喜楽苑が行ったデイサービス利用者等、約300人の安否確認はわずか4日から1週間で完了することができたのである。

また、喜楽苑が行っている毎日の配食サービスは、1月17日震災当日の昼食も配達し、以後一度も途絶えることがなかった。商店が閉まり、水も汲めない孤立した在宅の虚弱高齢者にとって、配食のたびに届けられる生活物資は、まさに命綱の役割を果たしたのである。モデル事業段階で、至近距離の30世帯が対象であったことが実に示唆的である。

そして、喜楽苑がいち早く提起し続けた高齢者・障がい者のための通称「ケア付仮設住宅（以下ケア付仮設グループホームケア型）」の、芦屋市と尼崎市における6棟の実践は全国から注目を集め“被災地の希望”とさえいわれた。性別や年齢、障がい種別を超えて、住みなれた地域で共生した姿はまさにノーマライゼーションの具現化そのもので、21世紀の福祉のあり方に大きな示唆を与える取り組みとなった。その成果は、安心、自治と共生、地域との連帯、心身状況の悪化を防ぐ予防、入居者の高い自己実現、職員の働きがい、経済効果など、非常に優れたケアと住まいのあり方を立証した。

ケア付き仮設住宅恒久化の試み

しかし、3年2カ月後の1998年6月、ケア付き仮設住宅はそのすべてが撤去のやむなきに至った。私たちはケア付仮設をどうしても恒久化したいと、運動を進め、紆余曲折を経たのち2001年1月ついに、芦屋市に、17人の方々の住まい、生活支援型グループハウス「きらくえん倶楽部大桝町」として結実させた。

本来は、行政の支援を受け低所得者も住める住まいとしたかったが、長年の運動にもかかわらず行政からの支援はついに実現しなかった。やむなく入居を希望する人たちが資金を出し合っての建設となったが、その特徴を生かしてユニークな運営をしていきたいと思っている。今度はケア付仮設のように時限で切られてしまうのではなく、ケア付仮設で立証した前述の効果をしっかりと根づかせ、居住者の方々と心を通わせ、高齢者の新しい住まい方として提起したいと考えている。

このような防災の観点での施設のあり方は、私たちが目指す質の高い福祉社会のあり方と完全に一致している。被災地が本当に復興した時、拠点となる基幹施設を取り巻いて、前述のグループホームケア型のケア付仮設住宅を発展させた高齢者や障がい者、あるいは多世代が共生するグループハウスやコレクティヴハウスなどを点在させたい。

専門職が配置され、相談や適切な援助、緊急対応を確保すると共に、基幹施設の在宅福祉サービスや、保健・医療サービスも利用できれば、安心と予防の住まいにもなるだろうし、居間、食堂、趣味室などのコモンスペースで、共に住む人たちと親しみ、楽しい時間を過ごせば精神も活性化されることだろう。地域密着型であるからこそ家族や友人・知人との関係が途切れることもない。

ケア付き仮設住宅でのわずかな実践を通しても、福祉先進国北欧でいわれる「フォーマルなケアが整うことによってインフォーマルなケアが高まる」ことは明らかである。しかも個人の個性やこれまでの生活スタイルを変える必要もない。インフォーマルケアの前提は、本人の自立への意欲である。「安心」が保障されているからこそ、前向きに生きる意欲が出るのであり、「不安」と「孤独」を放置することが心身の状況悪化を招くのである。サポートする家族についても同様で、困った時にいつでもフォーマルなケアを受けることができる保障があってこそ、「安心」が確保され、がんばれるのである。

南芦屋浜復興公営住宅に関わる資料を精査してみると、全世帯の4割あまりは要支援1・2、要介護1・2・3の人たちと推測できる（市は個人情報保護で明らかにしない）。長期的にみれば、地域での見守りや支援システムが整うことによって自宅で暮らす月日が長くなり、医療・介護に要する費用は減るはずである。生活の質も含めて費用対効果を追求し、地域での見守りや支援システムを充実させてほしい。

再開発中心の復興より「人間の復興」を

戦後50年、私たちが営々と築いてきた社会の矛盾が大震災によって露呈した。人間の生活の基盤である安全な住居や、社会的に弱い立場にある人たちの福祉をなおざりにしてきたことや、経済効率を最優先したまちづくりなどのつけが、言い換えると人災により、6434人にも及ぶ多くの人が亡くなったのだと思う。被災後の対応についてもすでに明らかなように、国は立ち上がれない人たちを放置し、個人補償を最後まで拒み続けた。家を失い、悲嘆にくれている被災者に、千載一遇の好機とばかりに直後から復興に名を借りた土地区画整理・市街地再開発事業を都市計画と称し、強権的に推し進めた非情さは、作家小田実氏の表現を借りれば、これが「人間の国か」と問わざるをえない。最近の新聞報道によると、神戸市の復興公営住宅での孤立死は一般の市営住宅の2.5倍の比率で発生し、今も日々増え続けているそうだ。深刻な不況の追い打ちも受け、失業率や企業の倒産も国平均をはるかに上回っている。

被災地のインフラの復興にまどわされず、被災8年目に入ってもなお、「人間の復興」にはほど遠い現状を、事態はより深刻度を増していることを、多くの人たちに知ってもらいたいと切に思う。

大震災で亡くなった6434人の約半数は60歳以上の高齢者で、そのうち、後に関連死と認められた約900人については90%もが高齢者だった。寒い体育館などの避難所でトイレに行く時に迷惑をかけるからと、ドアが開くたびに寒風が吹きこむ入口付近にいて、避難所肺炎がまん延したこともその一因である。一方、特養などの施設に緊急保護された高齢者の死亡率は阪神間のみの調査だが、わずか2.4%だった。このように歴然と明暗を分けた数字からも、これまで述べてきた被災地の取り組みが世界中の人たちに、必ず役に立つものと信じている。

私たちは、震災で亡くなった方々の無念の死にいささかでもこたえるために、被災地から福祉と防災のまちづくりを決断し、これからも歩み続けるつもりである。

第 7 章

福祉は文化

――あしや喜楽苑の目指すもの――

あしや喜楽苑の定礎

震災で建物が１メートル傾く

被災して傾いた「あしや喜楽苑」の建物

兵庫県芦屋市は1992年、市内二つ目の特別養護老人ホームの建設を決め、運営する社会福祉法人を公募しました。私たちの法人、尼崎老人福祉会（現きらくえん）が「いくの喜楽苑」を開設した年でした。しかし、私自身が芦屋市民でもあり、友人たちの要請を受けたこともあって、当法人も応募を決意しました。8法人の応募があったのですが、幸いにして当法人に決定しましたので、地元の友人たちの意見も聞いて、ハード、ソフト両面で自分が入りたいと思えるようなホームの実現を目指すことにしました。

当初の開設予定は1995年4月でしたが、同年1月17日の阪神・淡路大震災で、建設中の「あしや喜楽苑」は甚大な被害を受けました。立地は、芦屋市にあるシーサイドタウンと呼ばれる海岸の埋立地の西端で目の前が海という景勝の地でしたが、その海に面した護岸がズタズタに崩壊し、護岸沿いの道も1メートル沈下し、幅1メートル以上、深さ2メートルあまりの地割れが建物の下を2本も走り、他にも無数の地割れができました。崩れた護岸から海水が入り込み、土砂がさらわれたうえ、液状化のため砂が噴出し、建物直下の地盤が崩れているという状態でした。その影響で、4階建ての建物は最大で約1メートル傾いてしまいました。

「あしや喜楽苑」は現在、特別養護老人ホーム定員80人、虚弱高齢者が自立した生活ができるように配慮されたケアハウス「エイールあしや」同30人（2007年4月に重度化しても住み続けられる「特定施設入居者生活介護」に移行）、地域福祉センター「ハーブあしや」（ショートステイ利用定員20人、デイサービス一般型30人、認知症専用型2単位24人、訪問介護）のほか、地域包括支援センター、居宅介護支援事業所など在宅福祉サービスを多数併設した施設です。設計当初から、300人くらいが収容できる広い地域交流スペースを設け、ミニ美術館や営業許可を取った喫茶店を配して、周辺の市立図書館、美術博物館などの文化ゾーンと共存し、地域文化の拠点として、いつも市民でにぎわったら良いなあ、と夢を描きました。

老人ホームの暗いイメージを払拭したいとスウェーデンに直接出向き、明るくカラフルな家具や調度品、木製の電動ベッドなどの輸入契約も済ませ、それらを積んだコンテナ船も1月20日ごろに出港する手はずになっていました。そんな矢先の被災でした。

しかし、建物は傾いてはいたものの、それ自体はほぼ健全であることがわかり、専門家や県市との協議の結果、地盤をつくり直し、ジャッキアップして再建することになりました。日本で初めて1万1千トンのかなり複雑な形状の建物をジャッキアップするのです。しかし、「あしや喜楽苑」は完成前ということで国の認可がまだ下りていなかったため、国の災害復旧費の対象になりませんでした。高額のお金を捻出するために1年間必死で国とやりとりした後、最終的には国が特例措置で2分の1出してくれることになりましたが、復旧費の総額は新たに特養を新設するくらいの額となりましたので、残りの負担もかなり高額です。県、市の補助金もお願いし、われわれの法人も、さらなる寄付を求めて駆けずりまわりました。

こうした私たちの法人の窮状がマスコミの報道で知られるようになり、多くの団体や個人から寄付が寄せられてようやく再建工事に着手することができ、震災からちょうど2年目の1997年1月に開設にこぎつけました。そして、建物の定礎

あしや喜楽苑のウッドデッキにある子どもたちの像

には、「福祉は文化」と刻みました。福祉は「幸せ」という意味です。文化は「人間の生活が日々向上していくこと」という意味があります。まさに「福祉は文化」だと思います。福祉サービスが豊かで、地域の福祉力が高い、そういう町こそ文化度が高いと思うのです。

地域交流スペースから「真・善・美」を発信

前にも述べたように、あしや喜楽苑の特色は「地域交流スペース」を広く確保している点です。詰めると300人くらいが入れます。フローリング仕様で北欧の家具を配し、庭に面した開放的で明るい空間です。そして、まずこの地域交流スペースから「真・善・美」を発信したい。また高齢社会だからこそ地域の高齢者施設が“地域の文化の拠点”とならなければいけないと思いました。かつては地域の小学校が、地域の文化の拠点であったのと同じように、これからの高齢社会は福祉施設が地域の質の高い文化の拠点とならなければいけない。そう考えてこの三つをキャッチフレーズにして運営しています。

まず一つ目の「真」というのは、真理の探究ですから、この地域交流スペースを使って講演会やシンポジウムなどを行っています。みんなで勉強しよう学ぼうということです。

「善」というのは、このスペースにきちんと営業許可をとった喫茶店があり、地域の主婦たちもやってきて井戸端会議をする。一杯200円でコーヒーやジュースを提供し、軽食も出すことができます。集まってくる人たちが仲良くなり、善なる気持ちを寄せ合って、暖かい地域づくりをしたい。そういう仕掛け

近所の主婦らも集う喫茶店

ギャラリーの作品は1、2週間ごとに入れ替える

の場になったらよいなと思っています。加えて、地域のロータリークラブや自治会、老人会の会合などにもこのスペースを使ってもらうつもりです。

「美」というのは、文化・芸術を指しているのですが、地域交流スペースのなかにはギャラリーがあります。小さいけれどきちんとしたギャラリーで、有名な方々の油絵、水彩画、あるいは人間国宝の備前焼の藤原啓さんの焼き物展とか、2週間ごとの展示を続けています。地域からも大勢の方々がギャラリーを訪れます。施設を利用されているお年寄りに豊かな芸術や文化を享受していただくということと、前述の「地域の文化の拠点」を実現したいという思いで運営しています。

開設した1997年には、1カ月に延べ約1000人の地域の方が、この「あしや喜楽苑」の地域交流スペースを利用されました。私たちは、この1000人の方々が“喜楽苑のオンブズマン”だと思っています。つまり、喜楽苑を地域の自分たちの施設としてチェックしていただいているのです。苦情も寄せられますが、でもそれが私たちの勉強になるのです。

2008年には、地域交流スペースの利用者は1カ月に延べ3000人に及びました。ギャラリーの作品は2週間ごとに入れ替えますので、年間30回ほどの展示となり、ギャラリーへの来訪者は年間延べ1万人を超えています。

とびっきりの「普通の生活」を目指して

それから、緑と花でいっぱいの環境づくりや、国際交流も活発に行っています。緑と花は地域の自治会と老人会が、「夏は朝の5時から水やり」など年中シフトを組んで手入れをしてくださっています。私たちは日々忙しくてほとんど関われませんので申し訳ないのですが、多くのテーブルに飾る一輪ざしも、絶えることなく全部ボランティアの方が活けてくださっています。

地域の小学校にコミュニティスクールがあり、地域の方々がさまざまなクラブ活動をなさっていますが、そのクラブ活動の場にもなっています。とにかく、「とびっきりの普通の生活を」が合言葉です。

苑を開設した1997年4月末の「みどりの日」には、戦後流行ったディキシーランドジャズのコンサートを開きました。すばらしい演奏の後、最後にアンコールで「セントルイスブルース」と「聖者が街にやってきた」が演奏されました。入居者のお年寄りたちがノリにノリまして、ストレッチャーで寝たままの車椅子にさえ座れない方も手を振り、足を振りすごくフィーバーしました。そして、なんと経管栄養の方が「管をはずしてくれ」という身振りをされましたので、参加されていた奥様の了解をとって、思い切ってはずすことにしました。そしてスプーンで食べ物をつぶしながら口に運ぶと飲み込むことができたのです。そういう方が2人も出ました。

音楽の催しも盛ん

もうびっくりしてみんなで目を丸くしました。

また、現在（1999年2月）95歳の女性の方ですが、この方は18年前に脳梗塞を起こして、左半身麻痺になった方です。震災で家も半壊し、絶望的になって精神的に大変苦しんだ時期もありました。元音楽大学のピアノ科の先生です。ちょうど喜楽苑には、この音楽大学のピアノ科を出た音楽療法士の職員がいましたので、ほとんど寝たきりだったこの方を、彼女がピアノに誘いました。もちろん、左半身が麻痺されているため、左手は音楽療法士が弾き、右手をこの方に弾いてもらうようにしたわけです。

95歳のピアノコンサート

そうしたら、どうでしょう。もう今はショパンなら何でも右手で弾くことができるようになりました。来苑したフィンランドの厚生省の方々に歓迎のピアノを弾き、お出迎えするようにまでなりました。みるみるお元気になって、芦屋のコンサートホール「ルナホール」で、日本舞踊と組み合わせてこの方のピアノコンサートを開くこともできました。

入居時の2年前は認知症も重くなり、流動食を召し上がり長くはもたないだろうというような状態だったのですが。今は普通食になり、皮膚も艶々してお元気になられました。右手だけですがすばらしい演奏をされます。

このような事実から、私は、人間というものは死ぬまで発展するのだという確信をもちました。体の状態は悪くても、精神が生き生きとして、本当に自分のやりたいことができる時、思わぬ残存能力が出てくる。人間の可能性は高齢になっても無限だと思いました。日ごろ落ち着かない認知症の方でも、良い音楽を聴くと、じっくりと耳を傾けて集中されます。五感を刺激することに重要性があるのです。ケアとは食事、排せつ、入浴だけではなくて、最終的には高齢者一人ひとりが豊かな日々を過ごす手助けをすることにあるという考えに至りました。

振り返ってみると、法人理念である高齢者の「人権を守る」はソフト、ハード両面にわたる追求であり、地域に開かれ、地域と共に運営する「民主的運営」の具現化でもあります。そして、このような運営をするなかで知った高齢者の姿は、人間が老いて生きていくことの重さ哀しさと共にひたむきに前へ進もうとするすばらしさもまた「老い」だと思いました。言い換えると豊かな「福祉文化」の形成の必要性をいつも突きつけられてきたわけです。

次にこのような高齢者の方々の姿を実践報告として具体的にお伝えしたいと思います。すでに彼岸へ旅立たれた方も多いのですが、それぞれの方が人生の終章期にみせてくださったすばらしい瞬間をぜひ知っていただきたいと思います。

すばらしき入居者たち―文化的な取り組みを通して

岩元つた子さん―生まれて初めてのお茶席

もう10年も前の、しかも尼崎の喜楽苑での話ですが、岩元さんは当時80歳。夫が戦死し、忘れ形見の一人娘も病気で亡くし、親類もないに等しい寂しい境遇でした。さまざまな仕事につき、最後は尼崎市内にある大きな大衆食堂でゴムの前掛け長靴姿で“洗い場”の仕事をしていたそうです。75歳になっても働き続け、そのあげく、腰痛と肝臓病が悪化し、病院を転々とした後に喜楽苑に入居してこられました。忙しく荒っぽい職場であったと思われるのに、やさしい笑顔をみせるおだやかな方でした。

岩元さんが入居して1カ月ほど後のある秋の日でした。地元の中学の先生であり部活動では茶道部の指導をしているという、入居者の娘さんが、大勢の生徒をつれてお茶会を開いてくださいました。私も招かれ、設けられたお茶席に座ったのですが、点てていただいたお薄の緑と、名のある和菓子屋さんの上用饅頭の白い肌に、ひと刷け薄い紅色で兎が描かれたとり合わせがとても美しかったうえに、もう忘れてしまいましたが、そのお菓子には中秋の名月に模した典雅な銘がつけられていました。重度の方々も加わり大勢で華やいだお茶会を愉しんだ後のその日の夕刻、岩元さんがわざわざ苑長室に来られて、目をうるませながら私に次のような話をされたのです。

「苑長さん、今日は本当にありがとうございました。私には這いずりまわるような仕事しかなく、ずっと貧しい生活ばかりでした。そして老いてしまいました。お茶会などは『分限者』のする遊びで、一生私とは関係がないと思っていましたのに、初めて経験ができてこんなに嬉しいことはありません。お饅頭にも季節の名前をつけて愉しむことなどこれまでまったく知りませんでした。老人ホームへ入ってから一生できないと思っていたことができ知らなかつたことを学べました。今日は生きてきて良かったと思いました。この気持ちをひと言苑長さんに伝えお礼をいいたかったんです」と。言葉は訥々としていましたが、「分限者」という表現と大意は今もはっきりと覚えています。岩元さんは、その４年ほど後に病気が悪化し、2、3日の入院の後静かに息を引きとられましたが、あの日のうるんだ瞳と嬉しそうな笑顔が今も私の胸に焼きついて離れません。「福祉は文化」という認識に至った重要なきっかけでした。

友田毅さん―心踊る青春時代のジャズ

前に話しましたディキシーランドジャズの演奏会で経管栄養の管を外したのは友田毅さんという方です。その経緯をもう少し詳しく書きますと、友田さんは当時81歳、子ども３人は独立し、夫婦で仲むつまじく暮らしていましたが、パーキンソン病が悪化し、歌人である奥様も10年間に及ぶ介護に疲れ、97年１月の「あしや喜楽苑」開設と同時に入居してこられました。入居して間もないその年の４月３日に肺炎で入院され、経管栄養になって退院され、苑に帰ってこられました。帰苑日の４月29日の当日は１階の地域交流スペースでジャズの演奏会が行われ、入居者の家族や地域の人たちも含めて総勢440人が集い、ボランティアで出演したプロのバンドの熱い演奏に酔いしれました。

ディキシーランドジャズは70歳代、80歳代の入居者の青春時代に大流行し、私も学生時代に好きになりました。車いすの方はもちろんのこと、ほとんど寝たきりの方もリクライニングの車いすで参加し、ビートの利いたリズムに合わせて盛んに手を動かしていました。

友田さんもディキシーが大好きだったとのことで、さっそく奥さんと共に参加され、目を輝やかせリクライニングの車椅子に横たわりながらリズムに合わせて手足を動かされていました。演奏の余韻もさめやらぬその日の夕刻、隣に付き添っていた奥さんの食事のおでんに手をのばされました。奥さんがおでんと握り飯をスプーンの背でつぶし、試しに友田さんの口に運ぶと、病院ではまったく飲み込めなかった友田さんが、なんとのみ込むことができたのです。何度か慎重にスプーンを運びながら奥さんは感激して涙を流されていました。残念ながら友田さんは再び入院し、しばらくして亡くなりましたが、人間は心が躍動すると、思いもかけない力を発揮することを学ばせていただきました。また、歌人の奥さんが詠まれた多くの短歌も長年の介護と夫婦の愛情を詠み痛切です。

そのなかの3首を紹介します。

倒れたる箪笥に挟まれ色かはる夫の足抜く歩けざる足―大震災で―
指に作る○と×にて夫こたふこの単純に繋がるふたり
歩かれぬ脚に草鞋と脚絆つけ夫は通夜のわが横にいる

中尾幸枝さん―100歳の指揮者

「あしや喜楽苑」は開設以来、地域の多くの学校と日常的に交流しています。98年2月に、近くの小学校で芦屋交響楽団の演奏会が開かれた時、入居者も招待され出かけました。演奏を楽しんだあと、団員が壇上から「どなたか指揮をしてみませんか」と呼びかけられました。生徒たちに交じって手を挙げたのは、100歳になる中尾幸枝さんでした。車いすでステージに上がり、タクトを手にモーツァルトの弦楽合奏曲の一部を堂々と指揮された中尾さんは、満場の割れるような喝さいを浴びました。そして100歳であることが紹介されるとさらに大きな拍手がわき起こりました。

中尾さんは、前年の春に入居された方です。当初は不安と不眠で毎夜ナースコールを鳴らし続けておられました。若いころピアノを習っていたと聞いていたのでピアノを弾いてもらい、散歩にもいつもお誘いし、活動的に過ごしてもらうよう働きかけました。

このような活発な日常生活を過ごすことによってこれまでの不安も消え、壇上でタクトを振る意欲も生まれたのだと思います。

会場にいた小学生たちも100歳の高齢者と感動を共有することで生きることの素晴らしさを実感したのではないでしょうか。

永井志づさん―50年ぶりのコンサート

さきほどお話した95歳のピアノの先生は永井志づさんといいますが、お話をもう少し付け加えます。ピアノの演奏会を開いたのは1999年4月18日、芦屋市のルナホールでした。ご本人にとっては半世紀ぶりのコンサートだったそうです。「あしや喜楽苑」開設と同時に入居された永井さんは16年前に脳梗塞で倒れて半身麻痺となり、入居当時は息子さんの顔も忘れるほどの認知症状がありました。そんな永井さんに、遠ざかっていたピアノをすすめたのは、あしや喜楽苑の音楽療法担当の職員道元ゆりです。

永井さんは1903年生まれ。クリスチャンの家庭で生まれ、幼児より教会でオルガンと賛美歌になじんでおられました。当時では珍しいピアノを始めたのは20歳過ぎ、昭和に入って間もない頃であったといいます。その後、永井さんは大阪音楽学校（現・大阪音楽大学）教授となりピアノを教えるかたわら、朝比奈隆氏との共演や「蝶々夫人」を2000回も歌い作曲者のプッチーニも絶賛したという、ソプラノの三浦環氏の伴奏者としても活躍しました。戦争の足音が近づいてはいましたが、まだ大正ロマンの名残り、音楽サロンの雰囲気が漂っていた時代に華やかな演奏活動をされたといいます。この間チェロ奏者の夫と結婚、男児が一人生まれましたが、夫が早逝するという不幸に見舞われ、その後はピアノ一筋の生活だったそうです。

1945年、日本の敗戦直後には、米軍の高級将校たちの宿舎になっていた旧新大阪ホテルでもよく演奏されたといいます。演奏家として舞台に立ったのは戦後のひとときで、その後は大阪音大の講師をされたり、自宅で阪神間の多くの子女にピアノを教えたりしていました。

そして80歳の時に脳梗塞で倒れ、ほとんど寝たきりとなり、音楽家の息子夫妻の看病を受けながらも病院に入院することが多かったそうです。

91歳の時に阪神・淡路大震災に遭遇し自宅が半壊。そのダメージもあって心身共に重度化し、やはり大震災で甚大な被害を受け、ようやく再建なった「あしや喜楽苑」に97年1月に入居されました。そして、くしくも永井さんがかつて教えていた大学出身の音楽療法士の道元ゆりと出会いました。永井さんの人生史を知った道元は「ピアノの演奏は心身の回復に最も効果を発揮するはず」という信念のもとに定期的にピアノに誘いました。最初はなかなかうまくいきませんでしたが、辛抱づよく永井さんの意欲がわいてくるのを待ちました。そしてついに、永井さんのほうから「あの曲が弾きたい」という言葉が聞かれるようになりました。いったん乗り気になったあとは早いスピードで勘をとりもどされ、ついにショパンをはじめ数々のピアノ曲を演奏されるようになりました。そして、国際交流にも積極的に取り組むあしや喜楽苑を訪れたフィンランドや台湾からの関係者に、歓迎のピアノを弾かれ、ヤンヤの喝さいを受けて、満面に笑みを浮かべ拍手に応える永井さんの姿がひんぱんに見られるようになったのです。並行して認知症状も軽快、奇跡の復活をなしとげ演奏会へと発展したのです。演奏会当日は地元から多くの方々が聴きにこられたほか、全国からかつての教え子やお弟子さん20人余も駆けつけ、涙の再会を果たされました。その後芦屋市の推せんを受け、総務庁のエイジレスライフ賞を受賞。100歳の演奏会を愉しみにされていましたが、翌年の2000年3月、肺炎で他界されました。

ほどなく、息子さんからの礼状が届きました。「かなり重い症状にあった母をそのままの状態で亡くしてしまったと仮定する時、その死とのあまりの違いに気づかざるをえません。母の人生にとっても残された遺族にとっても、人生の最後の2年半にきらめく時をもてたことは本人の人生の豊かさと残された者の思い出の豊かさにおいて、はかり知れないものがあります」という主旨でした。

その後も映像で、マヒした左手を道元が弾き、渾身の力をこめて右手でショパンを弾かれる永井さんの姿が映されると、ほとんどの職員が泣いてしまいます。人間のすばらしさや高齢者の可能性のすごさに感動した涙の経験は、きっといつまでもケアに生かせることと思います。

殿村喜美子さん—告別式前夜のオールドブラックジョー

「あしや喜楽苑」で1997年11月に82歳で亡くなった殿村喜美子さんは、敬けんなクリスチャンでした。腎臓病が悪化し入院していた病院の医師に「もう長くはありません」と告げられ、病状を悟り、教会で神様に近づくための秘蹟を受け、死ぬ準備を完了されたのち「喜楽苑に帰りたい」と強く希望され、10月初めに苑に戻ってこられました。

元女学校の英語教師。戦後も70歳まで英語塾を開かれていました。3人の娘さんのうち2人は米国在住。近くに住む一番上の娘さんも病弱なため、喜楽苑に入居されました。

「あしや喜楽苑」では、殿村さんの希望を聞き、医師が往診してくれることもあって、最後までお世話することにしました。病院での終末がやむをえない場合もあるのですが、喜楽苑のターミナルケアは、「その人らしい死の迎え方を大切にする」をとても重要と考え、できるだけ希望される方には苑での看取りをさせていただいています。

殿村さんは自分の意志をはっきりと口にされる方で、経管栄養は拒否。余命はあと1週間くらいとの宣告でしたのに、苑に戻ってから約40日間、好きなタバコとコーヒーを楽しみ、死の4日前まで食堂に出てきて食事をされるなど、最期まで自由に過ごされました。そして、いつも英語で口ずさんでいたのが「オールドブラックジョー」でした。

Gone are the days when my heart was young and gay,（若き日ははや夢と過ぎ）

Gone are my friend from the cotton field away,（わが友みな世を去りて）
Gone from the earth to a better land I know,（あの世に楽しく眠り）
I hear their gentle voices calling "Old Black Joe"（かすかに我を呼ぶ　オールドブラックジョー）：訳詩　緒園涼子

その間、アメリカの娘さんたちが家族で訪れ、遠方にいた実の妹さんも苑の近くにマンションを借りて毎日、見舞いにこられました。亡くなる前日、上の娘さんが「苦しくないですか」と聞くと、「少しも」と静かに答え、亡くなられた時もとても穏やかな表情でした。

看取ったのは家族とスタッフの7人。告別式前夜のミサには、ほとんどの職員が駆けつけ、オールドブラックジョーを全員で歌ってお送りしました。

上の娘さんは「悲しみより、ママが選んだとおりの終末を迎えることができて本当によかったと思います」としみじみと話されました。娘さんはその後、「あしや喜楽苑」に家族OB会をつくるために奔走され、現在はOB会代表としてひんぱんに苑を訪れていて、熱い支援をいただいております。

川井吉一さん―ギャラリーで亡き両親のジョイント展

1998年3月、88歳の誕生日を目前に亡くなられた川井吉一さんは、前年の2月に入居された時点で、すでに最重度で何が起こっても不思議ではない状態でした。

新聞社に勤められていたそうですが、絵が趣味で、若いころから主に草花を写生されていました。家族から、描きためた絵を飾ってもらえないでしょうか、というお話があり、97年4月と10月の2回、「あしや喜楽苑」のギャラリーで個展を開きました。

川井さんは問いかけても返事のない状態でしたが、自分が描いた絵は見ればわかるに違いないと思い、職員たちはリクライニングの車いすでたびたびギャラリーにお連れしました。期間中、遠くの親せきや知人、絵を習っていたお弟子さんたちなど多くの人が絵を見にこられ、娘さんは「父が生きている間に個展ができて本当によかった」と喜ばれました。年が明けて2月に入院。いつ危篤になってもおかしくない状態になりましたが、娘さんは「苑に連れて帰って看取りたい」と希望されました。

鼻腔栄養やタンの吸引は苑でもできます。しかし、夜間の職員が少ないので、気づいたら呼吸が止まっていたということもありえるのです。娘さんと医師、苑の看護婦、生活相談員、施設長である私を交えて話し合った結果、苑に帰ってもらうことになりました。

川井さんは娘さん一家と職員に見守られて退院から1週間後の深夜に亡くなりました。医師である法人の野村和夫理事長をはじめ多くのスタッフが駆けつけました。野村理事長は「お世話になりました」と何度も頭をさげてくださるご家族に、「いや、職員に身をもって介護の何たるかを教えていただいた。礼をいうのはこちらです」と頭を深々と下げられました。

しばらくして、ギャラリーでは川井さんの絵と、その数年前に亡くなっていた奥様の短歌や繊細な造花の盆栽とのジョイント展を回顧展として開きました。娘さんは入居された時の心境、そして苑で過ごされた日々、亡くなった時のことを短歌に書きとめておられ、私たちに見せてくださいました。そのいくつかを紹介したいと思います。

小雪舞う　有馬をあとに　山越えて　おじいちゃん芦屋に　帰って来たよ
雪やんで　日差し明るい　芦屋川　半世紀生きた町　光る海
人生の　最期をここでと　苑長の　やさしい言葉　あしや喜楽苑
乙女らが　ごめんなさいねと　声かけて　口腔ケア　おしめ交換
息止めたり　脈乱れたり　気もますな　また入院か　やっかいな爺
いよいよの　ときの相談　治療の有無　喜楽苑の人　懇切丁寧
ホットパックで　足ぬくめ　酸素ボンベで　吸入し　手厚い看護　頭が下がる
顔しかめ　薄目開いて　反応あり　手を握らせば　力も感じる

畳ふき　仏壇さわる　何年ぶり　葬儀ホールの　見学に行く
無呼吸の　電話受ける　今晩は　父に付き合うか　いつものように
さっきまでの　赤らの顔が　みるみるに　青ざめて行く　からだぬくいに
体拭いて　詰め物などして　着物替えて　足袋履かせて　指からませて
看護婦さん　丁寧な処置に　ただ感謝　大勢のお見送り　ありがとう
苦しくなんか　全くないのに　気遣う苑長　優しさ身にしみる
曇り空　時間が止まり　夜が更ける　三年ぶりの　家に帰って
ジョイントの　作品展は初めて　父母生き返る　あしや喜楽苑

家族のこのような切ない心の揺れを私たち福祉職員がいささかでも支えることができた経験は何物にもかえがたいものです。

入居者のターミナルケアは若い職員にとって、死を通して「生」を深く考える契機になります。高齢者の長い人生の最も大切な時に関わることができた達成感から得ることも大きいものがあります。喜楽苑は入居者にとっては自宅です。それだけに「畳の上で死にたい」という日本人の心情を実現することも重要なノーマライゼーションです。

家で看取りたいと家族が望んでも実際にはなかなか難しい。その点、苑だと家族はスタッフの支援のなか、家事や雑事から解放され、濃密な別れの時間を過ごすことができるのです。いよいよ最後の数日は家族が苑に泊り込み、心おきなくより添えるよう、部屋や寝具、食事などを準備しているからです。

服飾デザイナーのコシノアヤコさんを招いて
ファッションショーも

核家族や老人世帯が増え

て、葬式の段取りに戸惑う人も多いと聞きますが、苑での看取りは死後の手続きも援助するため、親族の少ない方々に喜ばれています。また、多くの入居者が、ターミナルケアを目前にすることで、自分たちも安心して死を迎えることができると話されています。

次項は2001年4月時点で書いたものです。この当時の私（市川）の介護保険に対する考え方です。参考として掲載します。

介護保険制度とこれからの喜楽苑

三つの喜楽苑での高齢者のさまざまな姿と、その方々を側面から支えてきた私たちの取り組みを紹介してきました。それらは、2000年4月からスタートした介護保険制度で報酬として算定されるのでしょうか。

高齢者のケアとは一人ひとりの生命と生活全般を支えることであり、生命とは心や魂をも含む最も人間らしい崇高なものであると思います。介護保険はけっして高齢者福祉全般をとらえるものではないといわれますが、仮に直接的な介護そのものを指すと限定したとしても、介護度と時間と回数によって切り売りせざるをえない介護が高齢者の心を満たすとは思えません。介護の量を決められてしまう介護度の決定についても実に非人間的な手法によっています。調査員が調査した80項目をコンピューターで一次判定し、本人をまったく知らない認定審査会の委員たちが二次判定をしなければなりません。私も審査委員ですが、要介護者の本当の姿がつかめず悩んでいるのが現状です。果たして本当の介護度を導き出せているのでしょうか。

現在、特養においても同じ介護度であっても一人ひとりの状況はまったく個性的で、介護度によって手がかかる、かからないはとうてい決められるものではありません。特養であるからこそ、その人が最も必要としているニーズを介護度にかかわらず提供していますが、在宅の要介護者は介護度によってサービスが限定されてしまいます。しかも、その人をとりまく環境にはほとんど配慮がなされません。介護とは最も人間的な営みです。だからこそこのようなシステムは根本的におかしいと思い続けています。制度がスタートして一年経ちましたが、拙速なスタートをしたため、いまだに改変に次ぐ改変で現場はふりまわされ続けています。また、利用者と事業所両者の利益があい矛盾し、その信頼関係を崩す危険性が大きいことをひしひしと感じています。経営を守るために入居者・利用者を事業者が逆選別しかねない状況は実に怖いことです。

福祉職員についてもただでさえ劣悪な労働条件が、さらに進行しつつあります。事業者はいわゆる日銭による報酬であるため、その日の利用者数によって融通のきく配置を考え、日によって収入が大きくかわるリスクも計算に入れて、パート化と低賃金化を進めざるをえないからです。そのようななかで人間の可能性を信じ、ささやかな変化であっても共に喜び、その人の幸福を追求しようとする福祉の専門性が保てるはずはありません。モラルハザードはすでに起こっており、少しでも高い賃金を求めて職場を転々とする人たちが増えているのが現状です。

そして、応益負担が低所得者にとっていかに不利かは論を待たない自明の理です。生活上のハンディがあればあるほどそのハンディをカバーできる手厚いサービスを提供し、生存権のみならず、文化的な生活をも保障することをすでに実現している先進国があるように、豊かな福祉社会の構築は近代社会の理想であったはずです。

介護保険制度のキャッチフレーズ「福祉の権利性・選択性」「介護の社会化」と現場の実態はあまりにもかけはなれているといわざるをえません。

ひるがえって、あえて不遜を承知でいうならば、これまでの喜楽苑の取り組みはけっして間違いではなく重要なことであったと思います。入居者が輝き、職員がそのような入居者に強い歓びを見出せるあり方こそ福祉の王道であるはずです。私たちの法人は、介護保険を契機に必要なところにしっかりお金を使えるよう、ムダを廃するコスト意識や職場のなかに慣習として残る不合理な事柄を廃する改革を実行しつつあります。そして、介護保険とは対立する面がありますが、あえて質の高い介護を前進させることを目標としています。そのためには労働条件を後退させず一人ひとりの職員の質を高めること、そして、入居者・利用者・家族・ボランティア・地域の方々と、より一層の強い絆を結んでいくことを重要視しています。なぜなら福祉をとりまく状況と喜楽苑の実情をしっかり伝えていくことや、良い取り組みを積み重ねるなかでの入居者の変化や職員の働きがい、そして、それらの取り組みを阻害する要因をも多くの人に明らかにしていく過程で、きっと理解と解決策が得られると信じているからです。「連帯の力ほど強いものはない」。これまでの18年間もそうして乗り越えてきました。

第 8 章

生命力を萎ませない

――けま喜楽苑――

けま喜楽苑の外観

「三つの苦しみと五つの落差」をどう克服するのか

当法人がこれまで取り組んできたことの集大成ということで、2001年4月に尼崎市北部の食満（けま）に高齢者総合福祉施設「けま喜楽苑」を開設しました。京都大学大学院外山義教授（故人）が提唱する「生命力をしぼませない」ケアを追求したいと、外山教授に設計指導監修をお願いし、実施設計は、多くの高齢者施設を手がけてきた建築家の永野一生さんです。施設の中心となる特別養護老人ホーム（定員55人）、併設の2ユニットの認知症グループホーム「いなの家」（定員18人）も含めて全室完全個室。居住エリアの食堂や居間を小人数単位に分けて家庭生活に近いケアをするユニットケアとし、ユニットごとに職員も固定しました。現行の低い職員配置基準の矛盾に苦しみながらも工夫に工夫を重ねて実現させたものです。

外山教授は、特養に入ると三つの苦しみと五つの落差が待ち受けており、生命力が萎（しぼ）んでいく、とおっしゃっていました。三つの苦しみとは、いちばん身近な方（伴侶）が亡くなる苦しみ、地域を離れる苦しみ、生活の落差の苦しみです。五つの落差とは、空間的落差、時間の落差、規則の落差、言葉の落差、役割の喪失の落差です。

外山教授は、従来の特養の管理的な環境と自宅との差を問題視して、五つのポイントを下記のように挙げておられました。

①空間：施設は高い天井や真っすぐの長い廊下などヒューマンスケールに合っていない。
②時間：施設では食事、就寝、入浴など職員の勤務の都合にあわせたスケジュールになっていて本人のこれまでの習慣とかけはなれている。
③言葉遣い：命令口調や赤ちゃん言葉などで非礼であると共に本人の自律を促さない。
④規則：管理のための不自由な規則がある。
⑤役割の喪失：家庭、社会での役割を剥奪される。

――これらはどれも施設側が高齢者を管理するためのものですが、一方で高齢者から人権や暮らしの豊かさを奪うものとして改善されるべきものです。きらくえんは、これまでの施設が行ってきたマニュアル化された一元管理ではなく、高齢者の生き方を尊重するという大きな方針を遵守するために、一人ひとりのニーズに応じた個別ケアを徹底し、その課題を乗り越えようと決意したのです。

定礎に「つなぐ」と刻む

私たちは、この三つの苦しみと五つの落差がない「けま喜楽苑」にしたいと、定礎に「つなぐ」と刻みました。これまでのご自分の生活を継続するという意をこめたものです。特養を「ケアを受ける場」から「一人の生活者として暮らす場」へと転換しなければならないと思いました。

「けま喜楽苑」の主屋は3階建て。2階と3階に、それぞれ10室と15室のユニットがあり（15室は2つのユニットにも分けられる）、1階にはショートステイとデイサービス事業を配置しています。各階にはプライベート空間としての個室と、少人数で憩える廊下の一部を利用したセミプライベートゾーンがたくさんあるのが特徴です。食堂やリビングルーム、廊下や中庭を利用した空間など、セミパブリックスペースも設けられています。そのほかにも、ヒノキの個浴室を各階に複数ずつ備え、すべての空間にカラフルな北欧風のテーブルやイスを配し、入居者がそれぞれ自分の好きな居場所を見つけることができます。

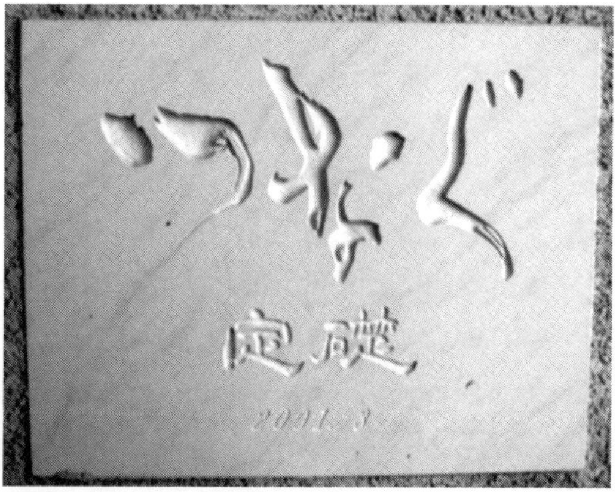

定礎にはつなぐ

個室にはトイレが付いています。トイレはベッドに近くて便利ということのほかに、感染症を避けることができます。入居者のプライバシーを守り、介護者の負担も下がります。また、地域からも支持され、入居者がよく出かけるようになりました。美容室へ行ったり、ショッピングに行ったり、居酒屋へ行ったり、甲子園球場へ観戦に行ったりしています。鍵をかけるなどの管理はしないので、1人でまちに出てしまった人もあったそうですが、まちの人が見守り、連絡を入れてくれたそうです。事故には最大の配慮をしなければなりませんが、病院の病室での生活に比べると、よりプライベートに、一方でよりパブリックに広がりをもつ、ふつうの暮らしに近づいています。

ユニット化で増える職員と入居者のコミュニケーション

「いくの喜楽苑」の章でも述べましたが、外山教授の研究室による入居者の行動追跡調査の結果、四人部屋などの多床室のほうが入居者同士の会話が弾むという通説に対して実際はその逆であることがわかりました。「個室化は費用や人員を要する」という通説に対しても、その本質は、個室が単純に平行して並んでいる施設だとケアする職員の動線が長くなることから起こる問題だと指摘しています。「けま喜楽苑」では、個室化と同時にユニット化を行い、居間を囲むように個室を配し、介護単位を小規模にすれば、職員の動線は長くならず、労働負荷もあまり増えないことを実証しました。加えて、ユニット化により、スタッフが管理領域に滞在する時間割合が減少し、居住空間であるユニット領域に滞在する時間割合が増加し、その結果、スタッフと入居者のコミュニケーション時間が増えるということもわかりました。こうしたデータは国の制度を動かし、2003（平成15）年からは特養ホームを新設する場合の整備基準として、個室・ユニット型であることを強く進めるようになりました。

全個室の「けま」だけでなく私たちの法人全体がそうなのですが、職員配置が入居者2に対して職員1となっています。一般には3対1でよいといわれていますが、私たちの法人では、四人部屋中心のホームであろうと、

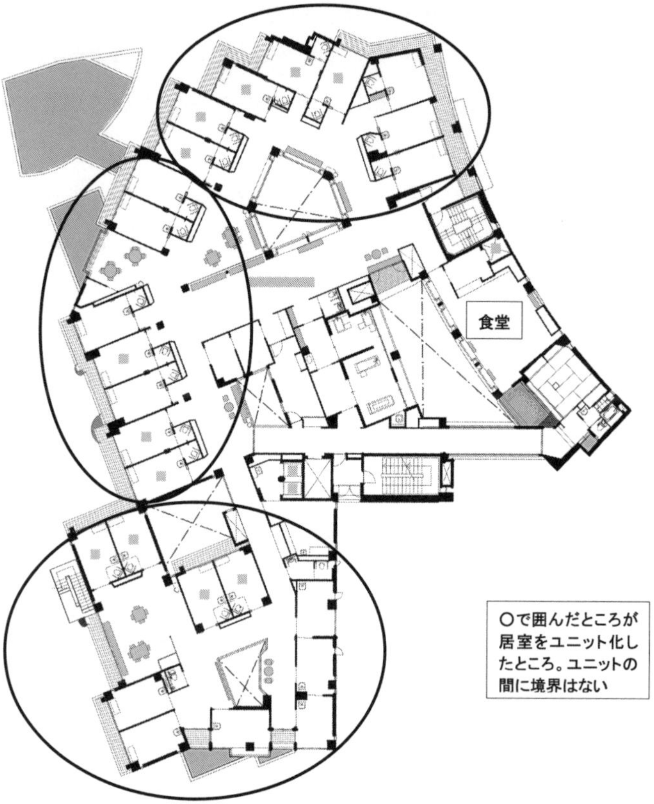
食堂
○で囲んだところが
居室をユニット化し
たところ。ユニットの
間に境界はない

けま喜楽苑の２階平面図

全個室だろうと、なんとか2対1以上の配置を維持しようと思っています。

実際、けま喜楽苑のような設計による「建築の力」は介護の世界に大きく影響します。たとえば、四人部屋だと、入室時は職員に対し「扉をノックしなさい」と指導する必要があります。個室ですと、指導しなくても自然にノックしています。ベッドから車いすに移乗して食堂へという介護行為も移動距離が短いので労働量がぐんと減りました。

お年寄り自身も距離が近いので車いすを自走して部屋から自分で出てみようとするし、できると達成感も得られます。自分でコントロールできる空間が確保されたので部屋に籠る人が減って、部屋の外の居間や他のさまざまな空間で過ごすことが多くなりました。そして外出も増え、外食へ、美容院へ、美術館へ、音楽会へと活発に外へ出かけています。茶道、華道、書道、俳句、歌の会、体操、囲碁など多彩なクラブ活動のいくつかは入居者の手によって結成されました。

ユニットごとに職員を固定し24時間体制をとることにより、一人ひとりへの洞察力が増し、加えて家庭的な雰囲気に近づき、職員は肉体的にも楽になったといいます。

その結果、半数以上の人のADL（日常生活動作能力）が開設9カ月後には向上し、併設の認知症の方のグループホーム（定員18人）では入居1カ月後には認知症による問題行動が少なくなりました。

気遣い無用の入居者・家族専用の玄関

このほかにもさまざまな工夫をしています。その一つは玄関が二つあることです。一カ所は在宅サービス利用者と職員の出入り口。もう一カ所は、事務所前を通過せずにいつでも自由に出入りができる特養の入居者・家族の専用玄関です。これは自分の家族の“家”を訪問するのに、職員に日ごろの礼をいう気遣いをしなくて済むようにとの考えからです。同じ尼崎市内にある四人部屋の喜楽苑との「面会に関する比較調査」では、家族の訪問回数は約2倍でした。個室で家族と音楽を楽しみながら一緒にアルバムを眺める、居室でお茶を楽しむなどの行為が増え、訪問時の滞在時間も約2倍という興味深い結果が出ました。「睡眠時間の比較調査」でも、多床室では、どうしても隣の人の咳払いやトイレに起きる音で覚醒してしまうのに比べて、人にもよりますが個室だと1日平均7時間と、多床室と

職員に気兼ねなく出入りができる二つの玄関

比較して約2時間程度長い睡眠がとれていたことがわかりました。以前、老人保健施設の四人部屋にいた方は、「人の出入りが激しい相部屋では落ち着かなかった。個室に入ってから夜もきちんと眠れるようになり、人生が変わった。ベランダで花も育てられるし、部屋に風鈴を置くのにも周囲に気を遣わなくて済む」とおっしゃいました。

昼間は共用スペースに出たり、外出して人と交流し活動したりする。夜は個室で誰にも邪魔されずに自分の時間を過ごすことで、生活の基本となる生理的なリズムが整います。自分だけの時間や空間が保障されるからこそ、他者との交流の欲求も出てくるのだと思います。

一人ひとりに合わせた補助具の活用

それに、施設なら当たり前の手すりを、特に廊下周りを中心になくしました。体の不自由さを補い移動の自由を確保するには、杖や歩行器、車いすを使うほうがずっと良いからです。手すりの設置はトイレ・浴室などの必要最低限の個所に限定し、窓枠を手すりとして活用したり、家具の配置を工夫したりしています。また、一人ひとりに合わせた杖や歩行器など、補助具の利用を積極的に提案しています。特にモジュラー型の車椅子は、それぞれの身体の寸法や特徴に合わせて、背あてや座面などの角度や高さを綿密に調整できるので、「すべり座り」を防ぐと同時に、適正に座位姿勢が保たれ、長時間座っても疲れにくいなど機能性にすぐれています。また、座面が低いために、麻痺などの後遺症があっても、麻痺がないほうの足こぎ動作で自走しやすくなっています。車椅子のモジュール（尺度）に合わせて施設内の洗面台やテーブル、椅子、ベッドの高さもすべて低くしています。入居前に14年間“寝たきり状態”だった方が、自分で車椅子を動かせるようになった事例もあります。移動能力の獲得が「自立」そして「自律」へとつながり、生活の質が格段に向上しました。それに「けま喜楽苑」は小さな生活単位をつなぎ合わせた設計なので、居室から“ちょっとそこまで”の短い距離を自分で移動して、好きな時に好きな場所で過ごすことができます。

相互交流を促進するセミプライベートゾーン

1フロアは25室のプライベートゾーン（個室）を基本に、数名から10人程度で井戸端会議や食事ができるアットホームなセミプライベートゾーン、クラブ活動などが行えるセミパブリックゾーン、地域の方々も含め大勢で集うパブリックゾーンの四つの空間があり、居室にこもらず無理なく段階的に多くの人たちと交流できるように設計されています。居室の前にリビングのような空間があると、人の話し声や気配を感じて、「ちょっと出てみようか」と思うきっかけができます。セミプライベートゾーンでは開設間もない頃から、生け花、俳句、お抹茶、書道の各クラブ活動がスタートし、朝は毎日入居者が自主的に集まり、ビデオを見ながら体操を行っています。1フロアは7人から10人程度の三つのユニットが緩やかにつながっていて、それぞれのユニットの間には仕切りを設けていません。

食事はセミプライベートゾーンで
食べる入居者が多い

完全な「独立型」ではなく、基本的な生活行為は、ほぼユニット内で行いながらも、ユニット外の入居者や職員と自由に交流することができるようにしています。施設によってユニットケアの運営方法はさまざまですが、けま喜楽苑の場合は「調整型」にすることで、入居者同士の相互交流の促進や人間関係の煮詰まりの緩和、そして同性介助の徹底など、必要なケアや経験に応じた職員間の協力

クラブ活動が行えるセミパブリックゾーン

が行えるなどの効果があります。また、各階には床の間つきの和室があり、雪見障子や坪庭がある本格的な和のつくりで、入居者と職員の心を和ませます。

和室にはバス・トイレなどの設備もあるので遠くの家族が訪問時や、最期を看取るターミナル期に宿泊することができ、たいへん喜ばれています。3階にはバー「スコール」（スウェーデン語で「乾杯」の意味）があります。バーを開く夜には、夕食後に常連さんがたくさん集まり、非日常的な大人の雰囲気を楽しむことができます。要介護者であっても生活をできるだけ制約しないという考え方に基づいたものです。お酒は大人の文化としても必要なものだと思っています。

ユニットケアは介護者の視点に立ったこれまでの「介護単位」から、そこで暮らす入居者の視点に立った「生活単位」＝「ユニット」を適正な規模として、きめ細やかな個別ケアを提供していこうとするものです。

ユニットケアで大切にしなければならないのは、単に空間を小規模化することではなく、すべての入居者が最もその人らしく暮らすための視点です。開設初年度には個室・ユニットケアを行うにあたり、「三大介助」に代表される狭義の「介護」だけが仕事ではないこと、入居者一人ひとりの多様な暮らし全体を側面から支援し、できるかぎり精神的にも自立した生活を送るための援助を行うことを、ケアの方針として全職員で確認しました。入居前面接では、生活援助に必要な生活歴やこれまでの習慣、住環境など、できるかぎり多くの情報を得ながら「その人らしさ」を知り、これまでの暮らしを継続するための支援方法を検討していきました。

食事時間も一人ひとりに合わせて

喜楽苑でも、ユニットケアを取り入れていなかった時は、50人近くの入居者を大食堂に会してもらうために、夜勤や早出の職員が、“朝食を7時30分にとるためのモーニングケアと離床介助”を行い、早朝の薄暗い食堂に誘導していました。多大な労力を要したにもかかわらず、当時の食堂は「入居者が食事を楽しむ場」というより、「食事介助が行われる場」でした。そこで、開設前の会議で「施設的食事風景」からの脱却に向けて議論を重ねた結果、小さな食堂や食事が可能なスペースを点在させることになり、「目が覚めた方から順に食べてもらおう」「なじみのご近所2〜3人が時には集まる食事なので、是が非でも更衣や整容を行うのではなく、私たちの日曜の朝のようにパジャマ姿でもいいのではないか」という考えにたどり着きました。日勤職員が揃ってからゆっくり着替えてもよいと思っています。

当施設には生活上の規則や時間のルールがありません。朝食を例にとると7時前から10時頃まで、それぞれの生活リズムで食べていただきます。3時間以上の幅があります。また、いつもは早起きの方でも、日によっては「昨日はバーで遅くまで飲んでいたから」などと、職員は声をかけるタイミングを調整しています。

朝食はそれぞれの居室から出てすぐのセミプライベートゾーンでとる方が多く、移動動線が短く介護量も少なくて済みます。昼食・夕食は、整った身支度で、10人から15人程度の入居者が5カ所の食堂でゆっくりと召し上がっています。また、入居者のすべてが1日に3食と決まっているわけではありません。一人ひとりの適正な食事量や食習慣・嗜好を把握して、個別の生活ペースやニーズに対応しています。

このように食事時間をバラバラにできるのは、真空調理とクックチル方式を採用したからです。真空調理は専用の袋に食材と調味料を入れて真空パックし、それぞれの食材に合った温度で加熱します。クックチルとは、こうして調理したものをチルド状態にして保存し必要な時に解凍するもので、栄養素を逃さず、時間を有効に使えます。この方法なら3日分は保存でき、極端な場合は一人だけ違った食事を用意することもできます。

咀嚼困難な人向けの「味彩食」を開発

しかし、噛む力や飲み込む力が衰えてきているお年寄りもたくさんいらっしゃいます。そんな方たちにもおいしい食事を食べてもらうにはどうしたらよいのか。「けま喜楽苑」では約2年かけて、「プロジェクト☆けま食堂」という食事改革に取り組みました。それで開発されたのが、咀嚼（そしゃく）困難者向けの食事「味彩食」です。これは、「スベラカーゼ」という酵素を使って肉や魚を軟らかくし、野菜は圧力鍋で軟らかくして、原型をそのままに舌や歯ぐきでつぶせるように調理した食事のことです。「けま喜楽苑」では入居者の半数近くの方々がこの味彩食を食べており、いわゆる「刻み食」は提供していません。

高齢者福祉施設では一般的に、咀嚼（噛み砕く）・嚥下（飲み込む）能力が衰えた方には、食材を細かく刻んだ「刻み食」や、すりつぶした「ミキサー食」を提供してきました。「けま喜楽苑」でも同じでしたが、ある入居者の女性の一言がきっかけに食事改革に取り組むことになりました。それは「このまま刻み食を食べるのなら死んだほうがまし。普通の食事が食べたい」と当時の施設長に訴えたことでした。

女性は、入居前には入院しており退院後に入居されましたが、病院からの「申し送り指示書」には、食事は「刻み食」で、とあったのです。しかし、女性は外食時にはふつうの食事をしていました。つまり、快復が進んでいるのに病院の指示どおりのままだったのです。同時に、施設の入居者にとって3度の食事への期待が大きいことがわかりました。そこで、できるかぎり視覚・聴覚・嗅覚・味覚・触覚の五感に訴える、おいしい食事、食べたくなる食事を開発しようと、入居者の咀嚼・嚥下機能を評価する仕事をしている言語聴覚士、厨房部長などの部長クラスなどの職員が集まり、2010年にプロジェクトチームを立ち上げました。

「刻み食」は高齢者施設がよく採用していますが、口のなかでバラバラになりやすく、気管に入ってむせたりする危険があります。チームの会合では、「咀嚼と嚥下の各障がいに対応する食事形態が混在している」「歯ごたえを残す日本食文化では、軟らかすぎることがよいとはかぎらない」などの問題点が指摘され、研究開発の段階では、圧力鍋の使い方を工夫したり、高級ホテルのフランス料理レストランが、胃がんの手術を受けた芸能人からの注文で高齢者や咀嚼が難しい人向けの軟らかい食事を開発した「ケアフードコース」を試食したりしました。試行錯誤の末に、「スベラカーゼミート」という酵素の作用で肉の繊維を分解する製品に出会い、それを使い、食べやすい肉の厚さ、適度な加熱時間、食材に応じた酵素分量などを把握しました。今では、レシピは主菜と小鉢料理などの組み合わせで120種類を超え、職員への公募でそれを「味彩食」と命名しました（北川一人・けま喜楽苑施設長の3回連載〈『シルバー新報』2012年12月7日〜21日付「けま喜楽苑・食事改革プロジェクト」参照〉）

味彩食を科学的に分析すると、計測では普通食と比べて30〜70％軟らかくなっており、調理後30分経っても普通食より硬くならないなどがわかりました。味彩食の特徴は、酵素（パパイヤの果汁でもよい）に漬け込んだり、圧力鍋を使ったりして手間がかかるなどの課題は残りますが、特別な設備がなくても作れるということです。お年寄りが食欲をもち、肉や魚などの良質なたんぱく質をしっかりと摂取できるようになれば、良い睡眠が確保され、睡眠不足が招く転倒事故などが減り、入居者の重度化を緩和することにもつながります。

1対1でゆっくり入浴

入浴も始めから終わりまで入居者1人に対し職員1人で介助します。従来の施設では、一個所集中型の浴室しかなく、浴室への誘導係、脱衣場での着脱係、浴室内での介助係と、かぎられた職員数で効率的な介助を行うため、流れ作業的なケアを行ってきた経緯があります。この役割分担方式ですと、入居者は一度の入浴で、３人から５人程度の職員に入れ替わり立ち替わり介助をされることになります。そこで、この「流れ作業」を根底から廃止して、一連の介助を最初から最後まで１人の職員が行うことを基本としました（重度の方の場合は２人で介助）。

浴室は各階ごとに設けられており、寝台浴槽、座浴槽、そして木曽檜の個浴槽があります。従来の施設のお風呂は、大型浴槽の一般浴と、機械で寝たまま入る特殊浴槽が普通でした。大型浴槽の場合、歩行や座位が安定しなければ入居者・職員の負担が大きく、危険性も増します。お湯の入れ替えも困難で、好みのお湯の温度設定ができません。伝統的な日本の文化を大切にした檜の個浴槽は、浴槽内で体が浮き上がらずに安定し、立った状態では浴槽をまたげない方でも、浴槽に接して同じ高さの椅子に一度座ってからならば最小限の介助で浴槽内に入ることが可能です。

このため、以前は機械浴だった人が個浴槽に入浴できるようになり、その結果、一泊旅行先の部屋でも朝風呂に入ることができました。この事例にみられるように、ハード面の整備と個別ケアの徹底が入居者の主体性を引き出しています。職員は、入浴のお誘いに始まり、一緒に着替えを選び、最後に飲み物を勧めるところまで、１人当たり40分以上の時間をかけて入居者とゆっくりコミュニケーションをとりながら入浴を介助しています。

おむつ交換は回数より恥ずかしさの軽減を

排泄の介助は完全に個別化しており、基本的におむつの定時交換はありません。したがっておむつ交換用の台車と共に職員が居室を巡回することもありません。おむつも尿量やパターンをきちんと把握してその人に合ったものを使います。ケアに入る時の職員のスタイルも排泄用エプロンとバケツだけなので、他の入居者からは、“いつ、どこで、誰に”おむつ交換をしているのか、ほとんどわからないようです。見学者からは「おむつ交換は一日何回ですか」とよく聞かれますが、毎回返答に困ります。

かつては私たちも濡れたら即替える、交換回数が多いことできめ細やかなケアができているかのように思っていました。以前は紙おむつの性能が十分でなかったことも交換同数を多くしていた要因ではありますが、今ではできるかぎり恥ずかしい思いをしなくて済むようにしたい、という観点を最も重視し、回数をより少なくする方向で排泄介助にあたっています。その前提として、まず一人ひとりの尿量測定を徹底して行い、その方の排泄パターンを確認します。そのうえで尿量に合わせたおむつの種類を選び、同じ方でも時間によって細かく種類を変えるなど、その人にあった「適時交換」を追求しています。おむつ使用の入居者も便座での座位がとれる方は「適時誘導」して、なるべくトイレに座ってもらっています。立つことができず、常時おむつを使っている方でも、自室のトイレに毎日座り腹圧がかかることで、自然排便が促されています。排泄介助では、同性介助を原則に羞恥心とプライバシーには最大限配慮し、“できるだけ恥ずかしい思いをさせない、不安な思いをさせない、わずらわしさを感じさせない”というさりげないケアを目指しています。

全室にトイレを付けるべきだった

しかし、失敗もありました。各階の奥のユニットの6つの部屋にはトイレがありません。最重度の方には不要ではないかと思ったのです。でも今は全室に付けるべきだったと思っています。まず、おむつをつけていた方のADLが上がって、トイレに行けるようになった方がいること。また、入居者の出入りもあるので各個室にトイレがあるという基本条件を満たしておくべきだったこと。三つ目は、これからはターミナルケア（終末期介護）のケースが増えると見込まれ、家族が最期の何日か泊り込んで看取ることがあると思われます。その場合、個室内のトイレが家族のためにも必要となるからです。日常の面会でも孫やひ孫を大勢連れてくることがある。夜遅くまで語り合うことだってあるので、わずかでもトイレを設置しなかったことは痛い失敗でした。

さらに100人くらいが入れるホールがあったらなあとか、次に建てるのなら部屋にミニキッチンがほしいと思いました。自分でお茶ぐらいは飲める環境をつくることにも大きな意味があると感じています。

和の空間でアクティブな暮らし―グループホーム「いなの家」

「いなの家」の入り口は「町家」風の路地

併設のグループホーム「いなの家」も紹介しましょう。ここは、高齢者世代になじんだ「環境の再現」をコンセプトに、生活様式は「和」を基調としながらも、高齢者の身体状況と将来の重度化を想定して、椅子・ベッドの「洋式」の併用としました。入居者は1年を通じて、玄関から「町家」風の路地を通り格子戸を開けて外出します。そして、外出から戻って格子戸を開けると「ああ、我が家に帰ってきた」とほっとした様子がみられます。建物の中央には中庭があり、四季の移ろいを楽しむことができます。認知症の方にとって自然のなかで“ほっと”和むことができる環境は、何にも増して重要です。トイレの引き戸の仕様は、明治・大正・昭和初期生まれの世代になじみの深い「舞良戸（まいらど）」で、大

和の空間の上がり框（かまち）

半の方がこの扉の造作を見てサインがなくてもトイレと認識されます。照明も「吊るし紐式」のものを使用するなど、高齢者が昔から繰り返し体得した動作になじむ生活様式を採用しています。また、居室に設けられた「書院窓」と呼ばれる障子の小窓は、人の話し声や気配を間接的に感じることができるだけでなく、職員にとってもなかの気配がそれとなくわかる仕掛けになっています。居室の入り口には家族が用意した表札や飾りが取り付けてあり、自分の部屋としての認識を強めています。居室内は美術全集、囲碁などの趣味に関するものや思い出の品々がたくさん持ち込まれ、落ち着ける環境となっています。また、日常的な散歩や喫茶店での語らい、地域のスーパーでの買い物、居酒屋やレストランでの外食など、アクティブな暮らしをしています。

入居者自治会の発足と活躍

けま喜楽苑では、開設から約1年で「入居者自治会」が発足しました。自治会では毎月1回会合が行われ、「自分たちの暮らしは自分たちで決める」を合言葉に、消灯時間や生活上の困りごと、忘年会や旅行の行き先、自然災害の義援金寄付、地域交流についてなど、身近な事柄から社会的な話題まで、実にさまざまな内容が討議されています。

とはいえ、何を話していたのか忘れてしまうことが多いので、議論が何度も振り出しに戻り、かみ合わなくなることも度々です。自治会では出欠確認や司会進行は元県会議員の方が担当するなど、それぞれの職歴や個性を活かした役割を担ってもらいます。普段の生活では引き出せなかった思いや昔の思い出に

けま喜楽苑の入居者自治会結成

読売認知症ケア賞奨励賞を受賞

触れる機会が多く、ほとんど会話が成り立たない人が、周りの雰囲気によって、自分の名前がいえるなど、毎回新しい発見があります。

2004年には京都で開催された、世界アルツハイマー病協会国際会議で入居者と職員が自治会の取り組みを発表しました。さらに2006年には、日本認知症ケア学会で「読売認知症ケア賞奨励賞」を受賞し、世界から集まった人たちを驚かせました。北海道で行われた授賞式では、自治会代表の入居者が壇上でスピーチをして、会場の大きな拍手に包まれました。

たとえ認知症が進んだとしても“自分の意思を伝え、他者の思いを理解し、感じ、考える”力は存分に残っています。自治会で意見を求められ、その意見が活かされ、暮らしが変わっていくことは、入居者の方にとって大切な自己決定の場であり、自己の存在価値を見出せる場でもあるのです。

ユニット型で起きる問題とその克服

「けま喜楽苑」は、特養ホーム新設の整備基準として個室・ユニット型が義務づけられた2003年度より2年早く建ったもので、ユニットごとの扉はなく個室配置を分けることでゆるやかにグルーピングされている「調整型ユニットタイプ」です。入居者は自分のユニットを超えて、気のあう人と頻繁な交流をもち、職員も、何かあるとユニット間で助け合いながら運用しています。

しかし、新しく整備基準となったユニット型には課題があります。制度上、従来型と明確に区別するため、ユニットの独立性が配慮されました。

運用や建築基準など具体的なガイドラインは各自治体によって制定されるものの、どの自治体も独立性に配慮するあまりグループ間で融通が利かせにくい状態が生まれやすい、という点です。

たとえば、ユニットごとにきっちり分け、建築的にも境界を設けなければならず、入居者のユニットを超えた交流ができにくい。職員はユニットに１人だけという時間帯が多くなり、相談や手助けの仲間を呼べず苦労したり悩んだりすることが少なくないようです。なかにはユニットの中だけで仲良くしていればよいという誤った考えをもつ人もいるようになりました。しかし、そもそもユニットケアとは少人数で行き届いた個別ケアをする、というのが趣旨のはずです。制度は制度としてとらえる必要がありますが、もっと大局をみて適切な運用をすることで、それらの課題を克服しなければと思います。

たとえば、人間は社会的な生き物ですから、昼間はより多くの人と触れあう必要があります。そして夜は自分の部屋に戻って１人で静かに過ごす。こういったリズムが大切です。ユニットが一つの家庭だとしたら、ユニット内だけの行動は、家から一歩も外に出ない引きこもりと同じで、入居者に良い生活とはいえません。

「けま喜楽苑」では、個室の周囲には内緒話ができるセミプライベートな空間や、グループ活動などができるセミパブリックな空間を配しました。さまざまな空間を配置することにより、変化のある日常生活を作り出すことができますが、本当のパブリックな空間は地域だと思っています。

地域に根ざした施設を目指す

その前提として、家族の方々の専用の入り口があることや、個室であることは大きな意味があるのです。家族が2、3日に一回は必ず顔を見せる、訪れたいという施設であることが必要です。

厚生労働省の方針により、日本はこれから特養の個室化・ユニット化が急速に進められていきますが、ケアの質が低い場合には個室が孤室になりかねません。日々社会との接触を欠かさず生き生きとした暮らしを展開していく意欲を育む、貴重な空間としての個室とするためには、入居者と職員の関係が、言い換えれば、入居者があくまで主体であり、職員が客体となる大転換が求められています。福祉職員の人権感覚が鋭く問われることになると思います。

もはや、老人ホームの入居者は「ケアを一方的に受ける人たち」ではなく、失われた生活をもう一度再編し「生活者としての暮らしをつくっていく人たち」という位置づけになると思います。さらにそれは、一つの施設内で完結するのではなく、地域コミュニティと共に歩む、地域に根ざした施設であることが求められているのです。

第 III 部

居住福祉のまちづくりへ

第 9 章

多世代共生のまちづくり

——KOBE須磨きらくえん——

須磨きらくえんのギャラリーで絵を楽しむ入居者たち

四つの特養ホームでの経験を集大成

2012年4月1日、神戸市須磨区車字菅ノ池に高齢者総合福祉施設「KOBE須磨きらくえん」(以下、「須磨きらくえん」)がオープンしました。全国的に特養の入居待機者が増加し、神戸市でもその状況を少しでも解消しようというのが目的で、当法人が選ばれました。鉄骨造り6階建ての建物(敷地面積6595平方メートル、建築面積2188平方メートル、延床面積6887平方メートル)に、全室個室ユニットケアの特別養護老人ホーム(定員100人)、同じくショートステイ(同20人)、デイサービス(一般型定員30人、認知症型同12人)、それに居宅介護支援事業所、ヘルパーステーションを併設しています。当初から申し込みが殺到し特養の待機者は約400人もいます。

特養とショートのユニットケアは、全室トイレ・洗面付きの個室(17.3平方メートル)で、10の個室が1ユニットを形成し、1つの階ごとに2ユニット(1階はショート用)ずつ配されています。ユニットごとに専用玄関と、キッチン付きの共同生活スペースがあります。また、ベランダに面して2ユニットで交流できる共同スペースもあります。浴室は階ごとに3カ所ずつ檜の個浴が設置されています。1階には、ギャラリーや喫茶店、地域交流スペースがあり、2階には、家族が泊まったり宴会を開いたりする場所として8畳と6畳の続きの和室、入居者がお酒を飲めるバーラウンジ「スコール」もあります。定員100人はきらくえんの特養のなかでは最大規模です。職員の配置は常勤換算で入居者1.7人に対し1人で、厚生労働省の基準(入居者2人に対し職員1人)より多くしていますが、開設当初の職員は約7割が新人という状態でした。

10室の個室ユニットごとの専用玄関

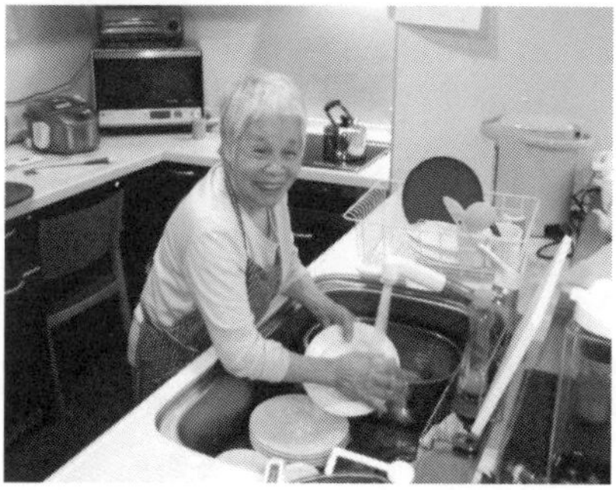
共同生活スペースはキッチン付き

バーラウンジ「スコール」

「須磨きらくえん」は、既設のきらくえんの四つの特別養護老人ホームの運営で学んだことや、反省したことを集大成したものですが、実は後退した面もあるのです。というのは、「けま喜楽苑」建設時はまだ個室ユニットケアが制度化されておらず、故外山義教授や建築家の永野一生さんの力を借りて自由に設計し、セミプライベートゾーン、セミパブリックゾーンなどの工夫により居室にこもらずユニットを越えて自由に交流できるようにしました。ところが、「けま喜楽苑」の開設後、厚生労働省が個室ユニットケアを制度化し、設置基準も決められました。この制度化は、先駆けて取り組んできた者としては喜ばしいことなのですが、設置基準を守るとパターン化した設計にならざるをえなくなったのです。そんな「画一化」をカバーしようと、共同生活スペースには、デンマーク製の家具（椅子やテーブル）等を入れて、個室はスウェーデン製の白樺のベッド……という具合に、居住空間が豊かになるように努力しました。

「須磨きらくえん」は、神戸市営地下鉄妙法寺駅から徒歩15分ほどの住宅街にありますが、駅からは無料送迎バスを出しています。際立った特徴は、開設当時から家族の出入りが多いことです。一日平均約30家族が来苑され、2012年年末の大掃除には家族が約120人も参加されました。この辺りは神戸市近郊の新興住宅地いわゆる「ベッドタウン」で、文化レベルが高いところです。ギャラリーでは近所の方たちが水墨画や藍染めの作品展を開くなど芸術的な雰囲気を醸し出し、クラブ活動や外出も次第に活発になってきました。開設約1年後の2013年4月には家族会が、同年5月には入居者自治会が結成されました。前述したように介護スタッフに新人が多い施設ですから、当事者の不平不満を率直にいってもらえる、このような組織ができることで、育てていただければと思っています。

入居後1年半で低下した平均要介護度

「須磨きらくえん」では、入浴の改善も図っています。「ノーリフトポリシー（スタッフが直接高齢者を持ち上げない）」の方針を立て、「優れもの」の北欧製のリフトを導入しました。職員は付き添うだけでリフトが入居者を持ち上げて浴槽に運びます。このため、建設時から浴室の天井を強化しました。具体的には、車いすの座席の下に網を入れ、そのまま天井から吊るしたリフトに乗ってもらい、浴槽に入るというものです。従来もリフトはあったのですが、認知症の方が怖がるので使われず、職員が持ち上げてお風呂に入れていました。職員の体への負担が大きく腰痛などの職業病につながり、また、落としてしまうなどの事故の危険も増します。このリフトは非常に安定感があり、入居者・職員共に好評です。職員を守る対策は、結果的に入居者も守ることになるのです。

個室ユニットケアや、できるだけ口から食事を摂り胃瘻（いろう）を避けるといった、きらくえんが取り組んできたケアの成果が「須磨きらくえん」では数字になって表れています。開設当時の入居者の平均要介護度が3.8あったものが、1年半後には3.4に下がっています。トイレ付きの個室であることにより、お年寄りに積極性が芽生え、四人

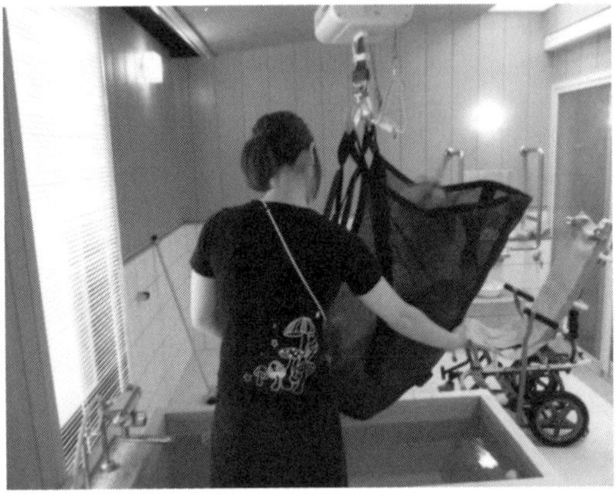

入浴はノーリフトポリシー

部屋と比べると睡眠時間も増える。個室により感染症も防げます。これらも含め、家族がよく訪問するといった効果が表れたといってもよいでしょう。

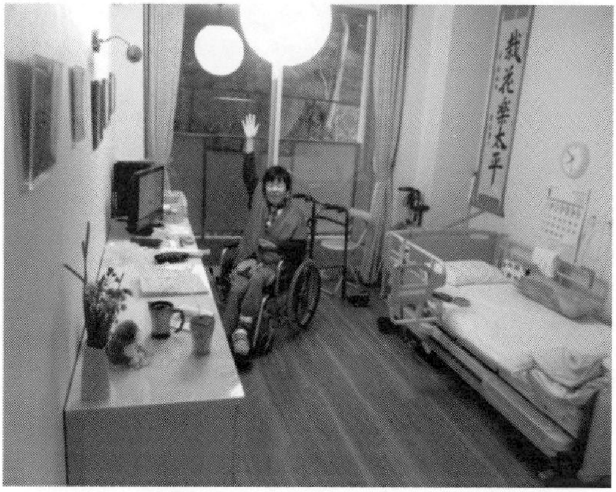

個室でくつろぐ車いすの女性

実は、「須磨きらくえん」は、特養を中心とする現施設に加えて、「第2期事業」としてサービス付高齢者住宅などの住宅系や、保育所および学童ホーム、障がい者の就労の場を目指す機能、診療所などを5～6年以内に併設する計画を進め、すでに土地も確保しています。将来的には、レストランやコンビニなどの開設も視野に入れており、子どもから高齢者、障がい者までサポートする「須磨ノーマライゼーション・ヴィレッジ」計画を立てています。

「ヴィレッジ（村）」というと、やや閉鎖的な響きがありますが、むしろ、多様な人々が交流できる場、まち全体が信頼によって結び合える場というイメージです。「個人」を大切にすると共に「医療と福祉の連携・多世代共生」がコンセプトなのです。社会福祉といいましても、高齢者福祉、障がい者福祉、児童福祉と種別でバラバラに行われていることが多いのですが、お年寄りはお年寄りだけ、障がい者は障がい者だけの世界で暮らしていくことは不自然です。子どもたちとお年寄り、障がい者も健常者も交流し共生するというのが自然の姿ですし、多世代で暮らすことにより学び合うことができます。今こそ重要ではないでしょうか。

それは、阪神淡路大震災後に設けられたケア付き仮設住宅の経験からもいえることです（第5章参照）。たとえば、精神障がい者の女性がケア付き仮設住宅のコモンスペースで高齢者と一緒にテレビを見て談笑することで、不安感が少なくなり、驚くほど精神状態の改善がみられたなどの経験をし

「KOBE須磨きらくえんノーマライゼーション」イメージ図

てきました。各々異なった障がいがあるのですが、残存能力も異なるので、互いにその能力を生かし合って共生する姿は多くの人の感動を呼びました。こうした経験も生かしたい思いがあります。

「7つのつなぐ」を目指す

特に、「須磨きらくえん」が立地する場所のような都市近郊の「ベッドタウン」は、高度成長期に集中して住宅が建った地域です。他地域から多くの人が移り住みましたが、そうした世代が今、一斉に高齢期を迎えています。これまで、特に停年退職後の男性はそれぞれの職場関係でのつながりのなかで生活してきたので、居住地域でのつながりがほとんどありません。また、女性も子どもが通う学校のPTAを通じたお母さん同士の関係くらいしかありませんでした。子どもが大きくなるとそうした機会も減ってしまいます。また、地震、台風、水害といった災害時の救援体制で福祉施設の役割が重視されてきています。地域社会での住民の連携、つながりをつくり、福祉施設と地域が溶け合うことにより、災害に強いまちになるのだと思います。

バラバラになりがちな都市近郊の地域において、社会福祉施設が住民・市民同士を結び付ける一つの「核」として機能する、そんなモデルのひとつにならないだろうか。具体的な実践をここで行い、多くの人にみてもらうことでこうした動きが全国的に広がるのではないのか。「須磨ノーマライゼーション・ヴィレッジ」にはそんな思いが込められているのです。

第2期事業計画のコンセプトは「多世代を“つなぐ”歴史のまちの福祉・文化拠点に」です。それは、以下のような「7つのつなぐ」を実現することです。

1.命をつなぐ

質の高いケアを提供し、安心の暮らしを保障します。

2.暮らしをつなぐ

入居者・利用者のこれまでの生活スタイルや暮らしを入居後も継続し、その人らしく過ごしていただきます。

3.人と人、地域をつなぐ

広く地域に開放し、入居者・家族・ボランティアほか、多くの方々との相互交流と出会いをつくります。

4.世代をつなぐ

子どもや若者、働き盛りの人々、高齢者など、多世代が集う地域の拠点とします。

5.文化・芸術をつなぐ

地域の文化・芸術の拠点として多彩な取り組みを展開し、質の高い文化・芸術を共に享受します。

6.自然と歴史をつなぐ

敷地に残された林や樹木などの自然を最大限生かすと共に、地域の歴史や伝統文化を守り継承することに力をつくします。

7.世紀をつなぐ

平和があってこそ福祉の発展があります。21世紀はすべての人たちの人権が守られ、世界すべての国々・地域の平和を切に願います。

障がい者の雇用の場も創出する

それを具体化するのが以下のような計画で、5〜6年以内での実現を目指しています。

また、ヴィレッジの入居者・利用者のみならず地域住民にとっても魅力的なレストラン、コンビニエンスストア、ベーカリーショップなどを併設。地域の“にぎわいゾーン”として計画する。

【サービス付高齢者住宅】

各フロアにリビングダイニングを設置、リハビリ特化型デイサービスを併設。

須磨きらくえんの在宅サービスも利用可能。食事は、KOBE須磨きらくえんが行う配食サービスや上記のレストランなど入居者がその時々に応じて選択できる。

【保育所および学童ホームを予定】

働く女性を支援すると共に子どもの発達保障を目指す。

高齢者が児童に宿題を教えたり、幼児に絵本の読み聞かせをしたりなど、高齢者と児童や幼児との交流の場となるように企画。

須磨きらくえんで働く職員や地域住民が安心して就労できるための生活支援体制を整える。

【就労継続支援B型を併設予定】（神戸で活躍する障がい者就労支援団体へ委託）

主に、障がい者の就労および生産活動の機会の提供を行う。また、就労に必要な知識や能力の向上のために必要な訓練等の支援を行う。

上記の特養や高齢者住宅をはじめ、レストランなど付帯施設での就労支援を行う。

【敬誠会須磨診療所】

敬誠会須磨診療所がヴィレッジの敷地の玄関口にあり、医療と福祉の連携体制を図ることができる。特に内科、整形外科、神経内科等の医師と連携し早期に内科的疾患に対応することや、リハビリテーション、認知症への正しいキュアとケアを提供したい。質の高い看取りをヴィレッジの入居者・利用者はもとより地域にも広げていきたい。

【その他　研修施設等】

しかし、東日本大震災の復興事業に加えて、アベノミクスと称する景気対策による公共事業の拡大により、建設費高騰のあおりを受けて、「須磨ノーマライゼーション・ヴィレッジ」の建設は当面予定どおり行うことが難しく、しばらく様子をみながら進めることになりました。

在宅サービス施設「三田きらくえん」を開設

ほかにも、須磨きらくえんのサテライト施設として「居住福祉のまちづくり」につながる試みが兵庫県三田市で始まっています。入居施設はなく在宅サービスのみの施設「三田きらくえん地域ケアセンター」です。2014年4月にオープンしました。そのなかには、デイサービス“山帽子”（定員10人）、訪問看護ステーション“やまぼうし”（2013年10月開設）、ケアマネージャーが常駐する居宅介護支援事業所（2013年10月開設）があります。敷地面積が302.52平方メートル、建物は233.65平方メートルの木造2階建て。比較的古い住宅地と最近できた新しい住宅地の境目に立地する小ぢんまりとした施設

新興住宅地の景観に溶け込んだ
緑豊かな三田きらくえん＝三田市下深田

です。道路（歩道）側には50種類以上の花と、この地域に昔から生えていたヤマボウシ、ソヨゴ、カエデなど20種類の樹木を植えた庭を配しました。ふつうの住宅地のなかに溶け込んだような緑豊かな建物です。

気軽に立ち寄れる場を目指す

それでも、高齢者福祉施設として最大の工夫をしました。道路側の窓に沿って「木立の散歩道（えんリビング）」という細長いウッドデッキを設け、季節によってさまざまに変化する樹木や草花を外に出て楽しめるようにしました。デッキを歩くことがリハビリですし、木々を見た後には、リハビリのためあえて設けた階段を9段ほど降りて歩道に出ます。歩道沿いに草花を植え、地元の方々もゆっくり歩きながら観賞できます。えんリビングは、扉を開ければ内と外がひとつながりになり、子どもの遊び場や市を開く場にもなります。

室内は、デイルームや静養室、二つの浴室、キッチンやトイレ、相談室などを1階に集約し、2階は事務室のみです。デイサービスなどに来られたお年寄りは習字をしたり、音楽を楽しんだりします。開放的な雰囲気を醸し出しており、で気軽に立ち寄り、ゆったりとできるようになっています。設計者は「間工作舎」の小笠原絵理さんです。

「木立の散歩道」を体験する
須磨きらくえん自治会のメンバーたち

小規模でも身近にこうしたケアの拠点があると、ちょっと立ち寄り相談がしやすくなる効果もあります。訪問看護ステーションを設けたのは最近、需要が高まっているからなのです。脳卒中などで倒れ、病院から帰宅した後のケアにおいて訪問看護の力は大きいのです。訪問介護と違って食事づくりや掃除はしませんが、医師の判断のもとに簡単な医療処置、運動のための散歩の介助、入浴の見守りなどができます。緊急時の対応も24時間体制をとっています。

三田市は高齢化率（65歳以上の人口比率）が19％程度と他の地域と比べればまだ低いほうですが、今後急速に高齢化するのは明らかですので、今から地域にこうした拠点を設けておくべきだと思いました。

亡くなった医師からのプレゼント

三田きらくえんは、医師であり、「弦楽のための夜想曲」などを作曲した音楽家でもあった地元三田学園卒の故大久保信一さん（1945〜2011）の遺産の一部を遺族が、「三田に『福祉の灯』を」と、きらくえんに多額の寄付をしてくださったので、土地を買い建設しました。大久保信一さんは信州大学医学部で学び、長野県の病院に勤務していましたが、父、俊平さんは三田で長く診療所を開いておられました。きらくえんには、「自分の土地を役立ててほしい」という地主さんの申し入れを受けて施設を建てた例がほかにもあります。地主さんにとっても、将来の地元や自分たちの子孫に安心して引き継げる財産となる福祉施設でありたいものです。

デイルームの風景。
習字にいそしむお年寄りたち

第 10 章

福祉と防災のまちづくり

――地域社会との連携――

栃原地区の人たちとのお花見会

生野町に残る洋風建築。元警察署という

兵庫県朝来市生野町は、江戸時代から「生野銀山」で知られ、鉱山の町として栄えましたが、1973年に閉山しました。その後は人口の減少が進み、過疎・高齢化が深刻な町になりました。2014年現在の人口は約3900人と、2008年当時よりも1500人以上減少しています。しかし、日本の近代化を支えた鉱山は豊かな地域文化を生み出し、行政や市民の努力により、2014年に「生野鉱山及び鉱山町」が国の「重要文化的景観」に選定されました。鉱山を運営する三菱の幹部用社宅「甲社宅」3棟が保存され、鉱山を訪れた商人たちが泊まった「郷宿」、街中にあるいくつかの洋館など近代化産業遺産や文化遺産が豊富な町です。こういった町に高齢者福祉施設として1992年に開設した「いくの喜楽苑」は地域社会にとってどんな存在意義があるのかを考察をしてみたいと思います。

防災に大切な日常的なつながり

「いくの喜楽苑が地域社会に果たしてきた役割について考えるシンポジウム」が2014年4月12日に朝来市生野マインホールで開かれました。主催はきらくえんと国立明石工業高等専門学校の「高齢者施設等の地域への社会的・福祉的防災復興資源としての役割に関する研究」研究チームでした。研究チームは、明石高専の大塚毅彦教授に私（市川）や早川和男日本居住福祉学会会長等もメンバーなのですが、この日は地域住民と行政（朝来市）、いくの喜楽苑の職員や特養家族会など当事者同士の話し合いが中心でした。

基調講演を行った松本久司・いくの喜楽苑事務長（現施設長）が、いくの喜楽苑の役割として強調したのは、一つ目が住居として魅力あるものであるべきこと、二つ目が防災拠点であるべきこと、三つ目は、地域経済にプラスの効果を及ぼすべきことです。

それらは、施設を建築あるいは改造する際に、住まいや防災拠点として設計を充実させることも大切なのですが、さらに盆踊りの復活（第4章参照）やボランティアの受け入れなど地域と施設の連携、空き家や遊休化した公共施設の利活用、住民からなる認知症サポーターなどの養成による福祉力の向上などによって具体化してくるものです。

いくの喜楽苑は、阪神淡路大震災のときパトカーの先導を受けて緊急ショートステイとして激震地芦屋市の高齢者11人を約2年間受け入れた経験があります（第5章参照）。また、地域との関係でいえば、地域では日中は比較的若い層が仕事で不在になりがちなため、職員が常時4、50人もいる喜楽苑が地域の高齢者を助ける。逆に、夜間は職員4人とリタイア後の宿直者2人という態勢のうえ入居者とショートステイ利用者が計70人もいるので、地域住民の方々に助けてもらわなければなりません。

そのためにも、日常的なつながりが重要です。2014年で20回目を迎えた「いくの喜楽苑納涼盆踊り大会」も地元竹原野地区の自治会が準備してくれますし、職員が入居者をスーパーまで送迎すると買い物ボランティアの方々が車いすを降ろしたり買い物を手伝ったりしてくださいます。グループホームにはハンドマッサージのボランティア「おとめ会」の方々が定期的に来て下さり、お年寄りとスキンシップをして交流しています。このほか、お花見や老人会による草引き、夏祭り

ハンドマッサージのボランティアの女性たち

では地元中学生が活躍します。

さらに、年に数回、「認知症サポーター養成講座」も開いています。地元の婦人会から十数人が集まり、約2時間、認知症の方との接し方などを学んでもらっています。

住民と施設の合同防災訓練

このようななかで2014年2月、地域と合同で災害時のBCP（事業継続計画）訓練を地元竹原野区と隣の緑ヶ丘区と喜楽苑で行いました。3カ月前から4回の会合をもつなどしてシナリオを準備してきましたが、訓練後の住民の声として「認知症サポーターとして入居者をどのように支援すればよいかわからなかったが、実際に入居者とお話をすると皆さんの笑顔を見る事ができよい体験だった」「今回をきっかけとしてどんな入居者（認知症や心身の障がいの程度）がいるかを理解できた。食事などは非常食だけでなく、農家が蓄えている野菜なども想定に入れてもよい」といったものがありました。一方、職員からも「グループホームに入居されている方も、地域の顔見知りの方と交流することで緊張した顔が笑顔に変わったのが印象的だった。交流が普段の生活のなかでも重要だと改めてわかった」という声がありました。

いくの喜楽苑では、施設内の実地訓練は年2回行っており、2010年3月には朝来市との間に、災害時における福祉避難所提供に関する協定を結んでいます。避難された方が体育館などに長くいると暑さ寒さ、睡眠やトイレ等の問題が深刻になります。施設は、調理、障がいがあってもその人に合った調理ができますし、使いやすい浴室やトイレなどいわゆる災害弱者が居住できる機能を備え、看護師、介護士、管理栄養士などの専門職もいます。備蓄食は3日分、自家発電による電源がとれますので、吸引、酸素吸入なども行えます。施設がコミュニティと良好な関係をもち、お互いに情報を共有することにより機能が発揮されるのです。

「住居」であることが人々を引きつける

いくの喜楽苑には、第4章で紹介した特養（定員58人）、ショートステイ、デイサービス、配食サービスなどの機能が備わり、隣接して軽費老人ホームの「ケアハウス竹原野」（定員15人）と認知症対応型共同生活介護「グループホーム竹原野」（定員18人）という二つの公設民営の施設があります。いずれも朝来市からいくの喜楽苑に事業委託されたものです。

さらに、同市和田山町には、木造2階建てのふつうの住宅を改修した小規模多機能型居宅介護「たまき喜楽苑」（通所15人、泊まり9人）。生野町の栃原地区には、旧栃原幼児センター（幼保一体の子育て支援施設）の土地と建物を再活用したデイサービスセンター「元気・とちはら」（定員30人）があるなど、喜楽苑の地域での役割は大きくなっています。

ふつうの民家を小規模多機能型
居宅介護施設にリフォーム

特に重視したいのは「住居」であるということです。たとえば、ケアハウスもグループホームもいずれも平屋建てで住居として充実したものです。ケアハウスは個室で、入居金がゼロ、家賃は月1万円。介護保険サービスではなく、公立の施設らしく、生活費は収入に応じて月7万円から13万円で利用できます。姫路市で看護師をされていた方が、親族が朝来市に居るという縁で自宅を売って入居されたという事例もあります。

グループホーム竹原野の玄関。
左が「みなみの家」、右が「きたの家」

グループホームは「きたの家」「みなみの家」という南北二つの

囲炉裏を囲んで五平餅を食べる

木造家屋です。南北それぞれ定員は9人ずつ。「きたの家」は段差があり、「みなみの家」はバリアフリーです。あえてどちらがよいのかを確認したいと思いました。生野銀山に来る商人たちの宿「郷宿」をイメージし、囲炉裏があるなど、落ち着きのある数奇屋風の立派な建物です。「こんな家なら住んでみたい」と思うような「住宅」なのです。

たまき喜楽苑は2006年4月に、木造2階建て延床面積142平方メートルと平屋建ての離れ46平方メートルからなる民家を購入してホームエレベーターを設置するなどの改修を行ったものです。地元玉置地区の民生委員や老人会長にも運営推進委員になってもらい、和田山地域の要介護者向けに「通い」を中心に、短期間の「宿泊」、自宅への「訪問」を組み合わせて家庭的な環境のなかでの生活支援や機能訓練をする小規模多機能施設です。職員が食事を作り、心得のある入居者が庭の手入れをする、ふつうの家とあまり変わりません。

地域コミュニティの共有財産を再活用

デイサービスセンター「元気・とちはら」は2009年10月、介護保険適用外の元気な、栃原地区の独り暮らし高齢者を孤独にしないために集まるミニデイサービス「予防デイ」の施設としてオープンしました。2011年5月には、介護保険制度によるデイサービスセンターになりましたが、「自立デイ」は今も週1回（いくの喜楽苑では月8回）開かれています。

当初は、2005年に閉校した栃原小学校の木造校舎を保存し活用してほしいと、栃原区の住民から「いくの喜楽苑」に依頼があったのがきっかけでした。木造校舎は地元住民が木材を提供して建てられた貴重な地域財産でした。農山村では、小学校が地域コミュニティの核となっているケースが多く、それだけに住民の思いも強いのです。

住民と市、喜楽苑が時間をかけて検討しましたが、建築基準法上の用途変更手続きや現在の耐震・耐火の基準に合わせようとすると費用の面から無理と判断しました。そしてやはり閉園となった、隣接する1997年築の鉄筋コンクリート造の旧栃原幼児センター（約500平方メートル）を活用することになりました。いくの喜楽苑は、市から土地を無償貸与され、建物は無償譲渡されました。トイレや風呂を改修し、現在はデイサービスセンターとして食事、入浴、機能訓練、趣味の活動などをしています。

栃原デイサービスセンター（右）の庭には
幼児センター当時の遊具が残る。左奥は体育館

近接して体育館、公民館、コミュニティーセンターがあり、小学校跡地には広い運動場が残されヘリポートにも駐車場にもなりえます。住民のみなさんの結束も強く、「防災拠点」としてのインフラも整っています。都会で大災害が起こった時も、宿泊はもとより食事を提供したり入浴できたりする設備が整い、地域コミュニティもしっかりしているなど、この地区は災害に対応する「地域力」をもち、避難者の「受け皿」としての機能が揃っています。生野町のような過疎化が進む地域には、そのような機能を育てるためのバックアップも必要だと思っています。

雇用や物資調達がもたらす地元への経済効果

地元住民向けの「予防デイ」から町内全域を対象とするデイサービスセ

いくの喜楽苑行きのバス運行も

ンターに移行した理由の一つには地域への経済効果があります。地元の農産物から食材を調達し、雇用も生み出すことを考えると介護保険サービスのほうが、過疎化が進む地域の活性化に貢献できると思いました。これは、本体のいくの喜楽苑も同じです。

いくの喜楽苑では100人あまり、たまき喜楽苑でも14、5人、元気・とちはらで10人。これ以外に障がい者雇用が4人、送迎バスの運転手や洗たく、食事介助などの高齢者雇用が約30人。職員数は計約130人います。入居者の衣食住に関わる物品購入もあります。いくの喜楽苑ではなるべく地元産のものを買うように努めています。地域社会でさまざまに活動されている方にもいくの喜楽苑で働いたことがあったり親族が勤めていたりなど関係者が多くいます。

このようにみていくと、福祉施設という存在は、地域社会の一つの「核」になりうるし、「地域の価値」を高める要素にもなると考えられるのです。むろん、施設側の私たちも地域住民のみなさんにそのように意識してもらうための努力が欠かせません。

「健康・福祉ゾーン」を町の中核に

合併前の生野町では、1997年3月に町総合計画「すきです！　わたしの町生野」を策定しました。五つの重点プランの第一は「頼もしいヘルシー福祉プラン」で、「健康づくりや医療、福祉が一体となった生野町のシステムをつくり、町民が輝いて暮らせるまちをつくります」としています。その中核として位置づけられているのが「竹原野において『健康・福祉ゾーン』を設定し機能の充実・強化を図る」ことです。

「健康・福祉ゾーン」の構想には、現在ある施設のほかに、大きな浴場や物産販売コーナーがある「屋内ふれあい施設ゾーン」、ボランティアルーム、子育て健康センター、シルバーカレッジなどがある「屋内健康福祉学習ゾーン」、シルバーハウジングなどの住宅用地、貸し農園、薬草園、障がい者生活センターなどの「住民の夢」が描かれています。町総合計画はワークショップ方式の住民参加による地域委員会での議論を中心にまとめられたものでした。市町村合併により「町総合計画」の実現の見通しは今のところありませんが、こうした行政システム構築を指南した元自治体職員の大学教授は「生野町出身の職員は鍛えられているからそのうち実現に動くはず」と述べています。

もし、こうしたシステムができれば、安心して住めるこの地域の魅力が大きくなり、それによって都会からUターンしたり、Iターンしたりする人が増えるのではないでしょうか。大都会も急速に高齢化が進んできていますが、過密社会のなかで、隣同士の顔も知らないような現状では、高齢者を支えたり災害に適切に対処したりする地域コミュニティが形成できるのか大きな不安があります。

いくの喜楽苑も当初は約4割が尼崎市の人たちでした。尼崎市が補助金を出し、市民の寄付も多くいただきました。ところが、介護保険制度ができた後はその関係が切れてしまいました。また、入居者の「重度化」も進み、買い物にでかける入居者も減りつつあります。2015年4月からは、特別養護老人ホームの入居条件が原則要介護度3以上になります。仮に重度の人ばかりになると入居者同士や地域での交流が難しくなったりします。また、認知症の方が入れなくなったりします。何とか見直してほしいものです。

高齢者のための福祉施設や介護というと、負担ばかりが増えるという印象をもたれる方も多いようですが、一方では、ケアを通じて地域社会で人と人を結びつけたり、雇用や物やサービスの需要を増やし地域社会を豊かにしたり、そして気遣う心や介護に関わるさまざまな技術やノウハウを育てたりします。そうした人の営みが、みんなの幸福を大きくする力をもっていることを認識してほしいと思います。

第11章

経営改革

――準市場競争下での持続的発展――

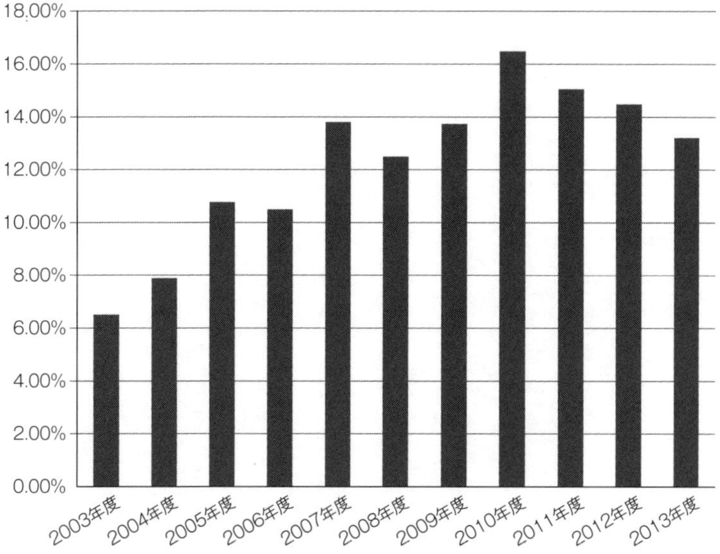

11年間の事業活動収支差額比率の変化（図1）

国の政策は「施設」から「在宅」へ誘導

「きらくえん」は、ノーマライゼーションという理念を実現する運営の二つの柱として、1.人権を守る、2.民主的運営を掲げてきました。しかし、抽象的にそれを唱えているだけでは意味がありません。さまざまな環境の変化や制約を受けながらも、経営の安定を図ることがその基礎となります。きらくえんは2003年度から2005年度までの3年間、外部からコンサルタントを導入して経営改革に取り組んできました。まず二つのグラフを見てください。

図1は、社会福祉法人きらくえん全体の11年間の事業活動収支差額の比率を棒グラフにしたもの（章とびら）、図2は2013年度全体のなかで事業種別の事業活動収支差額の割合を円グラフにしたものです。もう少しわかりやすくいえば、一つ目は、介護保険報酬などの収入と人件費などの支出の差額を年度ごとに単純に比較したもので、一般企業でいえば単年度の

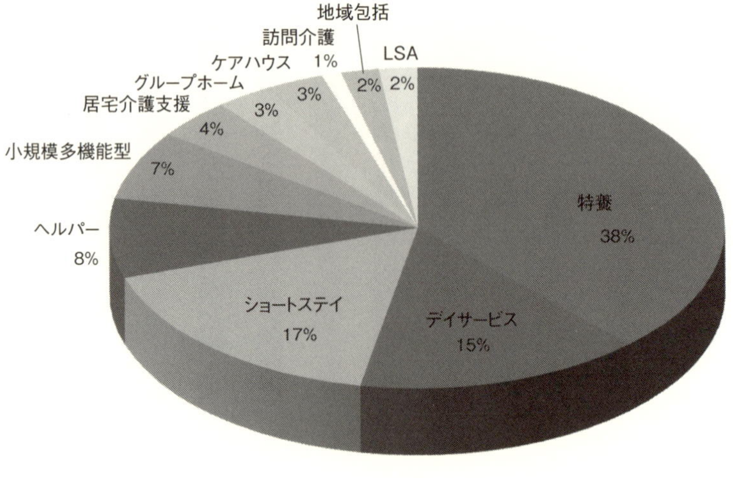

2013年度事業活動収支差額の内訳（図2）

「収益率」に相当するものです。施設の建設などに関連した負債の返済などを除いており、実際にはその3分の1程度です。それをみると、2013年度の13.17%など最近5年間は13〜16%台の黒字ですが、黒字幅は2003年度の6.55%、2004年度の7.94%から大幅に改善しています。

一方、円グラフでは、特別養護老人ホーム38%、グループホーム3%、ケアハウス3%など、きらくえん本来の「施設入居型」事業の「収益」全体に占める割合は4割あまり。一方、デイサービス15%、ショートステイ17%、ヘルパー事業8%、小規模多機能型7%、居宅介護支援4%など「在宅系サービス」が半分以上を占めています。まだまだ特養が多いようにみえますが、これは特養の定員100人の須磨きらくえんが開設されたことによって増えたもので、2011年度の特養は25%でした。

何を意味しているかというと、国は政策的に、「在宅」系の介護報酬の基準を高めに設定する一方、「施設に入居」のものは低く抑え、在宅に誘導しているということです。

提言「2015年の高齢者介護」がもつ意味

2003年に厚生労働省老健局長の私的研究会としてつくられた高齢者介護研究会（座長、堀田力・さわやか福祉財団理事長）が「2015年の高齢者介護」という提言を出しました。研究会は、2000年の介護保険制度の施行以後にみえてきた課題として、要介護認定者の増加、在宅サービスの脆弱性（特別養護老人ホームの入所申込者の急増等）、痴呆性高齢者の顕在化などを指摘し、「高齢者の尊厳を支えるケアの確立」を目標として掲げました。当時は要介護高齢者の約半数、施設入所者の8割が「痴呆の影響あり」としており、この提言でも、痴呆性高齢者ケアのための「新しいケアモデルの確立」がうたわれました。それは、「生活の継続性を維持するための新しい介護サービス体系の確立」であり、すなわち「可能なかぎり在宅で暮らすこと」を目指すというものです（「痴呆症」という表現は原文から）。

具体的には「在宅で365日・24時間の安心を提供する（小規模多機能サービス拠点の整備）」「新しい『住まい』（自宅、施設以外の多様な「住まい方」の実現）」「高齢者の在宅生活を支える施設の新たな役割（施設機能の地域展開、ユニットケアの普及、施設の機能の再整理）」の三つによる「地域包括ケアシステムの確立」が掲げられ、そのためのサービスの質確保と向上を政策的な課題としています。また、「活力ある高齢社会づくりの基盤」として介護予防やリハビリテーションの充実が掲げられました。これらの施策は、早急に着手し、いわゆる「団塊の世代」が高齢期に達する2015年までに実現するとされています。

この提言に盛られた「個室ユニットケア」は、きらくえんでは、いくの喜楽苑が1992年の開所時に準じた形で取り入れていますし、24時間安心の見守りも、1998年から芦屋や尼崎の復興公営住宅で行っているものです。高齢者の「住まい」のあり方を重視し、生活の継続性を維持確保するための介護サービスを充実させようという「2015年の高齢者介護」の方向性は、きらくえんの経営方針にも影響を与えています。

外部コンサルを導入しての改革

しかし、人口の高齢化が進むなか、税金と国民から徴収する介護保険料からなる介護保険制度は、福祉施設の経営にとってけっして甘いものではありません。介護保険制度によって新しい事業所が増えたため競争はより激しくなり、また、制度による収入面の締め付けもますます厳しくなることが予想されたからです。たとえば、2003年4月の介護報酬改定は、収入で特養など施設系がマイナス4%、デイサービスなど在宅系がプラス0.1%の計マイナス2.3%という影響を受けました。それに施設の修繕や改修も進めなければなりません。

尼崎の喜楽苑では、施設の老朽化が進み、デイサービスの利用者の減少が著しいことが2004年の理事会・評議員会で報告され、大規模修繕が議決されました。改修工事は、1階部分をほぼスケルトン状態（骨組みだけにする）にし、また、低所得者が多い地域特性から四人部屋のまま長く使えると共に、いつでも個室に転換できるような改修を行いました。改修によってデイサービスの利用者が増え、経営上大きな貢献をすると共に職員のモチベーションを高めることにもつながりました。あしや喜楽苑の改修も06年、07年と2年にわたって行い、けま喜楽苑で好評の檜の個浴槽や座浴の中間浴機を導入した浴室を2カ所設置したり、厨房設備の改修工事をしたりしました。

第10章でも述べましたが、2005年3月には、いくの喜楽苑の北側に、公設民営の認知症対応型共同生活介護「グループホーム竹原野」（定員2ユニット18人）を開設。2006年4月には、いくの喜楽苑と同じ朝来市の和田山町に小規模多機能型居宅介護「たまき喜楽苑」をスタートさせました。民家を購入して改修した「民家改修型施設」です。登録定員25人で、昼間の通いサービスが15人、宿泊サービスが9人で随時の訪問サービスをセットで行う新しいスタイルの「地域密着型サービス」です。また、芦屋市のグループハウスきらくえん倶楽部大桝町にも、小規模多機能型居宅介護を併設（宿泊サービス5人）しました。

このように施設整備を進め、在宅福祉サービスの充実・拡大を目指すとなると、こうした環境にも耐えうる持続的で安定した経営の土台作りが必要になります。2003年から、外部コンサルタント会社「日本経営戦略人事コンサルティング」を導入して始まった経営改革は、第一に組織・人事の改革、第二に賃金の見直しと人事考課制度の導入、第三に迅速な毎月の業績管理の確立という三つの柱からなります。事業活動収支差額比率で10％を確保することが命題になりました。

職員アンケートと組織・運営・研修の改革

最初に取り組んだのが、2004年の職員アンケートでした。472人が回答しましたが、「当法人（きらくえん）の理念・方針」には約8割が理解していると答え、「当法人のサービスを利用したいか」も75％が肯定的だったものの、「当法人の考えや思いを知る機会はあるのか」は50%、「賃金は仕事内容に見合っているか」は32%しか肯定的な答えが得られませんでした。また、長く働き続けようという職員も少ないことがわかりました。ただ、「勤続年数、年齢にかかわらず能力・実力で賃金格差があるべきか」には75%があってもよいと回答していました。

最初に取り組んだ改革は「組織改革」でした。“できるだけシンプルにわかりやすい体制”を目標に議論を重ねて2004年4月から新体制をスタートさせました。それまでは、個々の施設内の事情が優先され、客観的な視点で経営がみられなかったのですが、これにより法人事務局の機能が強化されました。たとえば、職員アンケートでも浮上した職員の教育・研修を強化するために法人事務局次長を専任の教育担当者として配置し、11種類の階層別の研修、職種別、施設間研修に加えて非常勤職員の研修も行う教育プログラムを始め、また職員を疲労させている利用者との対人関係や職場のコミュニケーションなどをテーマとする「心のケア研修」も始めました。現在は、法人が恒常的に行う研修が20種類にもなります。この他にも各施設でさまざまな研修が行われています。

人事では、アンケートで学歴のみによる賃金格差に対する不満が多かったため、高卒、短大卒、大卒の間の差を縮めてそれぞれの初任給を引き上げ、人事考課では、年に2回、評価を本人に伝え、育成面接では、上司が日頃考えていることを伝えたり、来期の目標を確認したりして、職員が正しく自己覚知できることを重視しました。

会議は、現場のリーダーたちと施設内の部長が行う部会議、施設ごとに施設長や部長が話し合う運営会議、理事長や法人事務局長、施設長らが集まる法人レベルの経営会議の三つに再編してそれぞれ会議ルールを明確にしました。特に各施設の部長クラスの権限を大きくして業務上の自立性と経営感覚を高めることを重視しました。毎月1回ほぼ1日をついやして行う経営会議では、各事業の月次予算に基づく収支状況を検討し事業方針の進捗状況を討議しました。各施設でも、経営会議の前に運営会議を開いて施設ごとの経営状況を検討するようにしました。その結果、全施設が情報を共有化し、各部署の責任者の経営感覚を高めることに大いに効果がありました。

高いベッド稼働率を達成

その成果は、たとえば、特別養護老人ホームのベッド稼働率が99%に達していること、ショートステイに至っては特にニーズが高くベッド稼働率120%近くになっています。特養は、入居を待っているお年寄りが多いので、入居者が亡くなった場合、すぐに入居していただけるようにしたのです。ショートステイでは、午前中に退居された後、午後には別の人が入ってくることになれば、介護保険制度では二重にカウントされるため、収入の増加につながるのです。ヘルパーステーションも職員の努力で稼働率のアップを果たしています。少なくとも、職場リーダーのレベルではコスト意識が徹底されているといえるでしょう。

高齢者に寄り添うのに必要な人間としての「総合性」

職員のコスト意識や経営感覚は、福祉サービス産業との競争が激しくなるなかで新たに必要となりましたが、それだけでは、社会福祉施設の職員は務まりません。これからの福祉職員は、きらくえんが掲げる人権を大切にする感覚に加え、介護技術において熟練し、ケアに関する研究開発能力をもつと共に、人間と社会と生活に関する正確な知識をもち、豊かな感性と文化性を磨くことが求められるのです。つまり人間としての総合性です。

故外山義教授の研究に、特養ホームのなかの会話を拾う、というものがありました。良い特養は、職員と入居者の間で世間話が多くなされているが、あまり良くない特養は、食事と入浴、おむつ交換といった実務的な会話が多い、という結果でした。お年寄りにとっていちばん幸せを感じるのは、自分がしてきたこと、見てきたこと、体験したことに共感してもらえた時だと思います。たとえば、高齢者が太平洋戦争時の体験について語ったときに相槌を打てるようになることです。ですから、職員には「近現代史を知っておくように」と求めています。高齢者が職員に、戦時中の体験や、昔の流行歌（ナツメロ）の話をしても、職員にまるで無関心な態度で知らんぷりされたら落ち込んでしまいます。逆に、興味をもって聞いてくれる職員がいるとうれしいものなのです。

実際、会話のなかで、高齢者の貴重な体験談を聴くことができた例もあります。毎年8月15日ごろになると精神的に不安定になる男性がおられました。お話をしてみると、終戦記念日ごろになると、ノモンハン事件（1939年）で戦友がソ連の戦車のキャタピラーに踏み潰されて殺された悪夢がよみがえるのだそうです。他に、生体実験で知られる「731部隊」の話、戦前のファッションや映画の話など貴重で興味深い話が聴けるのです。こういう話を聴けることが福祉職員として大変重要であることを自覚してほしいのです。

いちばん大切な「個」の尊重

福祉施設の経営にとっていちばん大切なのは、「個」の尊重ということです。コスト意識も経営感覚も、利用者や職員の「個」を重視することに結びつかないといけません。従来の施設運営というと、「集団」に焦点を当て、入居者や利用者を施設側の都合に合わせることを当たり前としてきました。しかし、高齢者は、順応性が弱くなっているため、自宅での暮らしを急に変えられ、朝一斉に「起きなさい」といわれ、「決められた時間に朝食をとれ」といわれると辛いだろうと思います。朝10時半と遅く起きてきて朝食をとり、「昼食はいらない」などという人もいます。それはその人のこれまでの生活スタイルであり、それを崩さないことが必要なのです。利用者の「個」を尊重すれば、決まりきったマニュアルでは対応できません。それに、施設内ですべて自足するという閉鎖的な考えでは、「個」が求める多様なニーズには応えられません。施設外の地域社会の資源も活用し、そのためには、施設を開放し、情報公開をして多くの人たちの協力や知恵を頂く必要があるでしょう。

職員に対しても、従来の施設は、一定のマニュアルに従って職務をこなすことを求めがちでした。しかし、高齢者たちと対話して「その人らしい暮らしをするには何が必要なのか」を個別に判断・把握できるスキルが必要なのです。そのためには「人権感覚にすぐれている」「科学的な歴史・社会認識が確立している」「ヒューマンで優しい」「ソーシャルアクション（社会的活動）ができる」「チーム労働のなかでこそ成長できる」といった、総合性をもった職員にならなければなりません。それらができる職員のキャリアを職員の能力評価に反映していく必要があります。

依然として高い離職率

いちばん大事なのは、高齢者個々のその人らしい暮らしをするためのケアの質を高めていくことです。それができれば、入居者や利用者の心や体に良い変化が表れてきます。それが、介護する職員のモチベーションの向上になり、家族や地域社会住民の評価にも反映し、ひいては利用者が増えるなどして事業が発展していくのです。正規職員の離職率は介護事業所の全国平均より低いものの、年10％近いのが実情です。日本の福祉施設共通の問題ですが、いろいろな要因が考えられます。

喜楽苑の取り組みからみえてくる福祉施設経営の要点をまとめてみると次のようになると思います。

1. 決定的な要素は「人」である。その人材を確保するためには職場環境やケアの向上を図る改革が今後も必要である。
2. 具体的には、サービスの質の向上を目指しそれを普遍化すること。サービスの向上により高齢者の心と体に良い変化が起り、職員のモチベーションが向上し、家族や地域社会、行政の評価が上がり、事業が発展するという好循環をつくること。
3. 経営力をつけること。それは、コスト管理、財務分析、収益性・生産性・安定性の管理などの能力を高めることである。

4.「施設」から「住まい」「生活者」「地域」への移行という新しい福祉観を確立すること。それは、福祉サービスを提供するだけにとどまらず、地域全体での福祉のまちづくりを促すことであり、施設経営者も職員もそういったまちづくりに参画するのだという意識をもつこと。

5. 施設の運営や活動を「地域密着」で行うことをキーワードに地域福祉を確立することで自治体や住民の意識変革を促して住民自治を確立し、さらなる新しい福祉経営を目指していくこと。

6. 社会福祉の目的と理念をゆるがせにしないこと。人権の保障、ノーマライゼーション、ソーシャル・インクルージョン（社会的包摂）、そして資本主義社会のセーフティネットとしての役割を見失わないこと。

サービスの質と経済的な合理性の融合

社会福祉法人の経営は利益至上主義にはなじみません。収益の源泉は、どれだけ質の高いケアを行っているのかという事業価値によって獲得されるべきです。「福祉」という新たな利潤追求の分野ができたのだという意識をもつのではなく、根本的に福祉をどうとらえるのか、サービスの質と経済的な合理性を融合する方法をどう開発するのかなどを事例に学びながらさまざまな分野で追求し、実証し、社会福祉法人などの事業体の経営のあり方を理論化していくことが重要だと思います。

第 12 章

「きらくえん見守り24」と尼崎・喜楽苑の今

在宅型専用の施設「地域ケアセンターあんしん24」の建物

「地域サポート型特養」第1号に

兵庫県は2013年度より、「兵庫式24時間地域見守り事業（兵庫LSA24）」を行う特別養護老人ホームを「地域サポート型特養」に認定しています。この年に4選を果たした井戸敏三知事は、当選後初の記者会見で、特に力を入れる政策のひとつとしてこの「地域サポート型特養」を掲げました。「兵庫式」とは、「特養ホーム等にLSA（生活援助員）を配置し、24時間対応可能な体制で、認知症の人やホームヘルプ等の介護サービスのない時間帯の生活に不安をもつ高齢者等の見守りを行うことにより、できるだけ長く在宅生活が送れるよう支援するもの」です。利用者は特養と直接契約をします。また他にも、介護技術講習会、介護者のつどいなどの在宅支援事業も行います。

県が期待する機能は「在宅の高齢者に早期から関わる特養のモデルとなる」ということ。対象は、①認知症で独居の人や認知症の人がいる高齢者世帯、②介護保険認定非該当で見守りが必要な人、③その他見守りが必要な人と幅広いのが特徴です。

国に先駆け県単独で実施に移されたこの新しい制度は、きらくえんが、尼崎市や、芦屋市の南芦屋浜団地の復興公営住宅で実施してきたLSA派遣事業が「孤立死ゼロ」を達成している成果を広げるものといってよいでしょう。すでに、尼崎・喜楽苑は2011年度に見守りサービスのモデル事業を実施し、その実績に基づき2013年度正式に、尼崎・喜楽苑はその第1号の認定を受けたのです。通称は「きらくえん見守り24」としました。

「地域サポート型特養」には2014年7月現在、兵庫県内で28カ所の特別養護老人ホームが認定されています。これは昨今、社会福祉法人のあり方が議論されていることと関係があります。税制上の優遇措置がある社会福祉法人は、介護保険事業に参入している民間企業に対して競争上有利な立場にあり不公平だという意見があるのです。たしかに介護保険事業をしていれば一定の収益が保障され、経営的には安定します。しかし、社会福祉法人は公益法人として地域社会に貢献することが求められています。これまで述べてきたように、きらくえん5苑の地域活動は、介護保険制度に則らない社会福祉法人としての地域貢献のひとつなのです。

井戸知事が進める独自の高齢者向け事業

井戸知事は2013年の「県民だより12月号」の「元気コラム」に「超高齢社会に備えて」と題した次のような文章を掲載しました。要約すると、「地域サポート型特養」とは、「特別養護老人ホーム（特養）には、各種サービススタッフが整っているのでこのパワーを活用することにより24時間体制の見守り訪問、相談など地域の見守り活動に取り組んでもらおうとするもの」そして、特養が地域の中核施設として機能しにくい地区では「安心地区整備事業」を立ち上げるとしています。そこでは住民や介護保険事業者、市町村などで構成する協議会を設けて、その地域に必要な配食、ミニデイサービスといった在宅福祉サービスを有償で提供する。そうした事業を担う団体を「主として60歳以上の者がつくって、事業を行ういわば高齢者の起業の立ち上げを支援」するというわけです。

さらに、必要に応じて「地域サポート型特養」と連携して24時間対応の在宅サービスを提供する「定期巡回・随時対応サービス」の普及を進め、また、有料老人ホームやケアハウス、サービス付き高齢者住宅に「特定施設入居者生活介護」の指定を進め、特養に入居できない高齢者に特養並みの介護サービスを提供する、としています。

行政のトップが、私たちが考え、何とか実践してきた在宅福祉サービスの充実を、自治体独自のメジャーな事業として具体的に実現させる意欲をもたれたことに、私どもは大変うれしく感謝しています。しかし、実際に事業を行ってみると、さまざまな困難事例に突き当たることが多いのが実情です。

「きらくえん見守り24」の三つのサービス

まず尼崎・喜楽苑が実施している「きらくえん見守り24」の内容を紹介しましょう。サービスの内容は、①安否確認サービス（平日9時～17時）②相談援助サービス（同）③緊急通報対応サービス（24時間365日）の三つです。

「安否確認」は、週に1回訪問し、滞在時間は3～10分程度です。ほかに週2回ほど電話による安否確認を行います。

「相談援助」は、医療や介護、生活に関する相談をお聞きし、また、日常生活についての相談悩みごと、問い合わせに対し助言などをし、適切な関係機関などへの連絡・調整・情報提供を行います。電話相談を受けた際に日程を調整して訪問し相談に応じる場合もあります。

「緊急通報対応」は、オンコール（利用者からの電話連絡・緊急通報）による相談・援助で、家族などの緊急連絡先や消防などへの連絡、駆けつける（深夜だと約30分かかることも）などの対応をします。しかし、緊急度の低い生活援助や身体介護などは対象外で、そういった場合は、本来それらを担うべき機関を紹介したりします。

対象地域は、尼崎市の小田南地区と喜楽苑を中心とした概ね半径1.5キロの区域で、喜楽苑のヘルパーの行動範囲です。料金は月2000円、緊急通報装置を利用すると3000円です。

住民の不安や困難をどう「見守る」のか

現在は専属の生活相談員（LSA）が1人おり、他に喜楽苑の職員が兼務で対応します。県の規定では、従事者は特養を運営する社会福祉法人の職員であればよく、特に資格要件はありませんが、喜楽苑では、社会福祉士、介護支援専門員、ホームヘルパー2級相当以上の介護職員が対応しています。専門職が24時間だれかが居るという態勢です。その対応は、病気や障がい、骨折などのけがのほか、隣家とのトラブル、独居への精神的な不安、DV（ドメスティック・バイオレンス）などの家族関係といった問題を抱えている人や、終末期の患者さんなどさまざまで、とおり一遍の対応ではいかない例が多くあります。

たとえば、

事例1　がんを患っている男性は、忍耐強い性格のため体調不良でも我慢してしまい、数日後にホームヘルパーが訪問して緊急入院した。退院後、地域包括支援センターの依頼で、安否と健康状態を確認するサービスを開始、訪問時は子どもの頃の話などをするなど訪問を楽しみに待っているが、体調はあまりよくない様子である。

事例2　高齢者の夫婦2人暮らしの世帯では、がん末期症状の男性の妻から「相談できるところがなくて不安。他者と接する機会がないので訪問して相談相手になってほしい」と依頼があり、週1回訪問することに。しかし、訪問するごとに身体能力が低下し、飲み込むことができないので水分が摂れない状態となり、主治医に電話で相談して緊急入院したが、1カ月後に病院で亡くなった。

事例3　長女家族と二世帯居住の高齢者夫妻。母親に認知症の症状が出たが、父親はそれを受け入れられずに大声で怒鳴ることも。事件が起きないかと気が気でない、父親のストレスを緩和し認知症についても理解させてほしい、と長女から依頼があった。本人には、デイサービスに付随するサービスと説明して訪問すると、父親は人当たりよく話をされる。

このほか、団地に住む女性で、別居の家族が来ると落ち着くが、独りになると精神的に不安定となり、近隣とトラブルになったり、熱を出すなど体調が悪くなったりするため、不安を取り除く声かけをしている、といったケースもあります。

このようにかなり大変なケースも多いのですが、特養だからこそもつ、介護やお年寄りに対応するためのノウハウがあるのです。今後ますます重要になる仕組みだと思っています。

「見守り」に必要な専門性とは？

ところが、定員25人に対し利用者は2014年7月現在で9人しかいません。すでに、在宅介護サービスを受け「ヘルパーさんがいつも来てくれているから要りません」「相談と短い時間の訪問や連絡だけなのに月2000円は高い」といった声が聞こえます。他のサービスが充実しているから不要という意味です。たしかにデイサービスのように施設を利用したり、介護したりするわけではありません。それでも、「見守り」や「お話（相談や訪問)」は、誰でもできそうにみえるのですが、本当は専門性が要るのです。特に医療機関やケアマネージャーとの連携が重要なのです。

また、むしろ、介護保険サービスを利用しない、病院に行かない、という方のためでもあるのです。日常は介護や支援を必要としない高齢者でも、慢性疾患を抱えていたり足腰が弱くなっていて予期せぬ転倒や体調の急変などが起こったりします。家族が離れて暮らしていることもあり、急に介護や入院が必要になるケースもあるのです。

また、**事例1**のように、深刻な状態にもかかわらず「自分はまだ大丈夫」「人の世話になる必要はない」などと思いたくなるのが高齢者の心理です。いよいよ厳しいという状態になってから、ご自身や家族で対応するとなると大変な苦労をせざるをえません。

事例2ですが、「見守り24」の職員がこの夫婦宅を訪問した時、妻から「夫が3日間も何も食べられないでいる」と聞き、職員がすぐに主治医に連絡して入院したものです。夫は「家で死にたい」といい、80歳代の妻は夫の容態にどう対処してよいのか行き詰っていた状態でした。職員の対応に、妻は「背中を押してくれありがとう」と話したそうです。

本人たちが必要と考えていなくても、専門的知識をもつ者が日常見守っていれば心身の状態の客観的判断ができますし、それに基づいて、急病など緊急時にどこにどうつなげばよいのか、といったこともわかります。独り暮らしの高齢者や老夫婦世帯などでの介護認定への手続きもフォローできます。しかし、いちばん問題なのは、「ごみ屋敷」をつくるなど精神的に社会から孤立している方です。実態を把握することも難しいのです。課題は山積しているのですが、見えないのが都市部の特徴です。

「在宅系」を特養から独立させる

「きらくえん見守り24」をはじめ、在宅福祉サービスの拠点として2012年10月に尼崎・喜楽苑の南約200メートルの場所に「地域ケアセンターあんしん24」という3階建ての施設を開設しました。ここは、1階がデイサービス一般型12人、認知症対応型12人の計24人と、「見守り24」のLSAが駐在し訪問介護の拠点でもあるヘルパーステーション、地域の包括支援センターのエリアです。2階と3階はショートステイのエリアで、個室が15室ずつ計30室あります。

尼崎・喜楽苑は開設した1983年当時から今日まで特別養護老人ホームとしては50床のままです。当初は付随的なショートステイが2床付いていただけでした。その後、2000年3月に北館が増設され、ショートステイは15床となり、「あんしん24」と合わせるとショートステイは45床となります。「付随型」だった当初は、特養のスタッフが相談・面接、送迎などをしていたのですが、ショートステイへの対応が手いっぱいの状態になり、こうした「在宅系サービス」を特養から独立させることにしたのです。「けま喜楽苑」では2001年の開設時から、1階をショートステイとデイサービスの専用とし独立させています。

在宅系のニーズが増える背景には、特養の待機者が約500人もいることです。ショートステイも2カ月前の予約開始と共に一斉に電話が鳴り出す状態なのです。ですから、尼崎・喜楽苑ではショートステイの稼働率は120％に達します。つまり、帰る人と来る人が同じ日に重なり、日中は定員15人に対し20人が居るという状態になることもあります。

食堂の一角を仕切った職員スペース

大改修で食堂を小単位に分散化

こうした変化に対応するためもあって尼崎・喜楽苑は2005年3月から約10カ月かけて2.3億円を投入して大改修を行いました。改修の主な点は、①本館1階、2階に分かれていた一般型デイサービスをすべて1階に集め認知症対応型も従来どおりの北館1階とし全部のデイサービスが1階に、②本館1階にあったショートステイを2階に上げ居住部分を2、3階に集約化、③食堂をユニットごとに分散化し四つの食堂のうち二つにはキッチンを付けた、④浴室とトイレの改善などです。従来は特養入居者のための食堂は3階にあり、1日3回の食事のたびに50人が3階に集まる状態でしたが、この改修で、食事と入浴がほぼ同じ階で完結するようになり、職員の動きに無駄がなくなり、ケアが格段にしやすくなりました。本館の各階にあった職員室2カ所が撤去され、今では食堂の一角に障子などで仕切りをつくり、そのなかが職員用スペースになりました。

食事が十数人ずつの小さな単位で行われるようになり入居者も落ち着いて食事ができるようになりました。食堂にはキッチンも付いていますので、食器洗いなどを手伝うお年寄りの姿も見られるようになりました。

完全個室化を断念した理由

ただ、問題は個室化をするか、しないかです。きらくえんでは、従来型の尼崎・喜楽苑の4床室中心の施設から、全室準個室化の「いくの喜楽苑」「あしや喜楽苑」を経て、「けま喜楽苑」「KOBE須磨きらくえん」では完全個室化を実現しました。改修の際には個室を増やすことも議論しましたが見送りとなりました。

その理由を結論からいうと、介護保険制度の基準に基づくホテルコストと呼ばれる負担が「ユニット型個室」の場合はかなり高いからです。多床室の場合は所得階層に関係なく「居住費」1日320円、生活保護世帯0円ですが、ユニット型個室は1970円です。非課税世帯も1310円、年収80万円以下と生活保護受給者も820円です。ほかのユニット型個室特養では2200円という所もあります。改修の計画段階で地域性もあり、生活保護の入居者が多いなど入居者の負担を考えたのです。

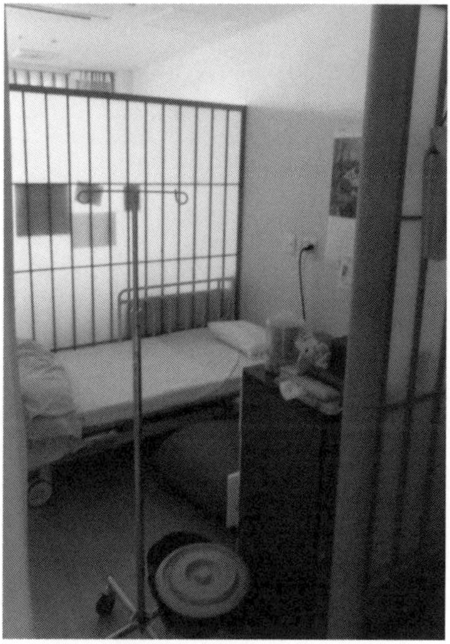

障子が隣との仕切りになっている

そこで4床室や2床室でも、ベッドの間を障子で仕切りました。個室なら家族などが気兼ねなく訪問できるが、多床室だと訪問しにくいともいわれますが、それでも、尼崎・喜楽苑は下町らしく来訪者も従来から多いのです。

もともと狭い敷地に建てたものですから、中庭に面した部屋は日中でも明るくありません。障子で仕切るとさらに暗くなります。このため部屋のすぐ前の幅3メートルほどの廊下がお年寄りたちの居場所になっています。ソファに座ってテ

広い廊下にソファやテレビを置き居住スペース化

レビを見たり居眠りをしたりしてくつろいでいます。冷蔵庫や茶箪笥が置かれていて小さな食堂になっている場所もあります。「けま喜楽苑」にあるような「セミプライベート」や「セミパブリック」なエリアが出来上がっています。

改めて訴えること―災害時における役割と地域のつながり

高齢者への社会福祉事業は介護保険制度の導入後、訪問介護、サ高住（サービス付き高齢者住宅）や有料老人ホームなどの在宅系や住宅系の福祉サービスへの民間企業の参入が盛んです。きらくえんのような社会福祉法人に対しては「税制上の優遇があるなど民間企業に対し競争上有利な立場にある」としてイコール・フッティング（競争上の同列な扱い）を求める声も上がっています。それに対処するため、社会福祉法人には、営利を基本とする民間企業とは違う公益的な役割があることを証明する必要があります。

その最も重要なものと考えているのは、災害時における福祉施設の役割です。近年、阪神・淡路と東日本の二つの大震災、地球温暖化の影響とみられる風水害の激化、火山の噴火など自然災害が頻発しています。その一方で大都市は過密化し、地域社会のコミュニティは崩壊し人間関係が希薄化するなど、災害に対する脆弱性は増してきています。

本書でも、第5章「阪神大震災からケア付き仮設へ」や第10章「福祉と防災のまちづくり―地域社会との連携」で、震災当時の喜楽苑の取り組み、農山村にある「いくの喜楽苑」におけるBCP（事業継続計画）に基づいた防災訓練などを紹介しました。また、いくの喜楽苑に先立って、けま喜楽苑でもボランティアの方々も参加して同様のことを行い、2012年度に「災害対策委員会」を発足させました。この取り組みは、私が厚生労働省社会福祉推進事業における「BCPに関する調査研究事業」を受託した浜銀総合研究所委員会の委員であったことから先駆的に取り組むことができました。

BCPとは、災害直後の環境であっても、いち早く福祉サービスを継続させ、地域で被災した人々を支援できるよう、業務を復旧させる過程を具体的に計画するものです。大規模な自然災害が起こった時、独居高齢者や高齢者世帯などの“災害弱者”は施設に避難してきます。施設の職員は、入居者の介護のみならず、避難者の高齢者・障がい者を支援したり、仮設住宅にケアスタッフを配置したりして、地域住民の生活に必要なサービスを中断させない、あるいは早期に再開できるようにしなければなりません。

このように、地域の災害福祉拠点としての役割を果たす施設は、まさに公益的な支援をする「社会資源」になりうるのです。その役割は、施設が単独でできることではありません。日常的に地域社会とつながりをもつことやさまざまな民間企業と連携することも重要です。たとえば、コンビニは食料や生活用品を被災者に提供する拠点であり、工場や建設作業所は、保有する工具類を使って倒壊した建物から人々を救い出す能力をもっているなどです。

高齢者総合福祉施設きらくえんは、施設の入居者や介護福祉サービスの利用者の方々だけでなく、地域社会における、福祉とは直接結びつかないような事業体や市民との関係をどう「つなぐ」のか、を行政や住民、企業などと共に追求していく決意です。それは私たちが目標とする「居住福祉のまちづくり」そのものといっても過言ではありません。

おわりに

以前から居住福祉学会の早川和男会長より社会福祉法人「きらくえん」の実践をまとめてはどうかというお話が再三ありましたが、次々と法人の事業展開が続くなかで繁忙のため果たせないままに過ぎておりました。

しかしながら2013年5月に行われました第13回居住福祉学会大会においてきらくえんが「第1回居住福祉賞」をいただきましたことをきっかけに、学会理事の神野武美氏が編集の労をとって下さることになり、『居住福祉叢書』として急遽まとめることになりました。

神野氏には、私がこれまで法人内部で書いた文章や、新聞・雑誌・書籍等に掲載された文章、主な講演録等をお預けし、経年的にまとめ編集して頂くと共に加筆の労もとって頂きました。

きらくえんが歩んできた30余年は急激な高齢化を迎えた日本の高齢者福祉の激動期と重なり、制度や使用される用語もめまぐるしく変化しました。しかしながら神野氏も「はじめに」で記されているように当時の文章は当時のままの用語をそのまま使っています。

今、改めて読み返し振り返りますと、血気にはやり（？）乱暴な実践をしたものだと呆れることもありますが、地域住民の要望と運動があって実現した「きらくえん」の原点を忘れることなく歩んできたのだという感慨もあります。

加えて高齢者の思いに学び共感して取り組んだ喜楽苑の“夜の居酒屋通い”。過疎化・高齢化が著しい生野町において、いくの喜楽苑での“認知症の方の唄から生まれた地域の盆踊りの復活”と制度より10年早く取り組んだ“全準個室化とユニット化”。あしや喜楽苑では高齢社会であるからこそ地域の高齢者福祉施設が地域の“文化・芸術の拠点に”。そして阪神・淡路大震災下で日本初の“ケア付仮設住宅”を提案し実践したこと、続いて高齢化率50%を超す復興公営住宅への24時間LSA派遣。制度に先駆けて実践したけま喜楽苑の“全個室・ユニットケア”。2012年4月に開設したKOBE須磨きらくえんでは全個室・ユニットケアの特養に加えて数年後には“ノーマライゼーションヴィレッジ構想（多世代共生の街づくりのコアを目指す）”を実現するゾーンを創る予定です。

高齢者施設を収容や「入所」する場ではなく、人生で最も重要な最終章に自分の生を完成する場所、言い換えると、最後まで最もその人らしく生ききることのできる暮らしの場に換えていきたいとの思いでこれまで取り組んできた数々の実践と、これから取り組もうとしている構想は、僭越ながら日本の高齢者福祉を先取りするものだとのいささかの自負もあります。

社会保障・社会福祉の政策は、その国のすべての人々が安心して生きていくための最も基本的な政策です。誰もが安心して生き人間らしい暮らしを営めることが先進国の条件であり、品性のある国・社会だと思います。格差社会がますます進む我が国で、私は社会福祉に携わる者たちが声を上げて平和で安心・安全な社会をつくり出していく責務があると強く思います。

介護保険制度のたび重なる改変の是非を問い、子どもたちにまで大きく広がっている貧困をなくさなければ、と思います。

国の一千兆円余の借金である財政再建問題をひとり社会保障・社会福祉にしわ寄せするのではなく、国民あげて総合的観点で施策化するべきではないでしょうか。

まだまだしなければならないことは山積みです。これからの私の使命はきらくえんで働く850人の職員に30余年けっして変えることのなかった理念の「ノーマライゼーション」と、運営方針の「人権を守る」「民主的運営」の深い意味を、今しばらく全職員に力のかぎり伝えて、新しい世代へバトンタッチすることです。

お読みになった方々には、さまざまなご批判もあると思います。ぜひ忌憚のないご意見を頂き、きらくえんの今後の歩みに生かせていけるようご支援頂ければ幸いです。

最後になりましたが、この『居住福祉叢書』が完成しましたのは、ひとえに神野武美氏の編集加筆によるものです。何度もきらくえんの現場に足をお運び頂き、関係者に熱心なヒアリングも行って頂きました。本当に有難うございました。深く深く感謝申し上げます。

また出版社の株式会社東信堂の二宮義隆氏にも貴重なアドバイスを頂きました。そのうえ、私の体調不良やさまざまなきらくえんの事情により発刊が大幅に遅れ、ご迷惑をおかけしてしまいました。御礼とお詫びを申し上げます。居住福祉学会会長早川和男氏と居住福祉学会会員の皆さまにも感謝申し上げます。

30余年間のその時々のきらくえんの入居者・利用者・役職員、きらくえん後援会やきらくえんの各事業所のそれぞれの地域の皆さまにも多くのことをご指導ご支援頂きました。皆々さまがあってこそ、この叢書が出来たと思っています。また、機会があれば近年の私の思いと実践を中心に、新たな問題提起をさせて頂ければありがたい、と考えています。本当にありがとうございました。

2015年2月

社会福祉法人きらくえん
市川禮子

きらくえんの沿革

1980年４月	尼崎市から在宅移動入浴サービス事業の運営受託
1982年12月	尼崎老人福祉会が社会福祉法人に認可される
1983年４月	喜楽苑開設
1992年９月	いくの喜楽苑開設
1995年１月	阪神・淡路大震災で甚大な被害を受ける
1997年１月	あしや喜楽苑開設
2000年３月	喜楽苑北館の増築
４月	ケアハウス竹原野竣工
12月	生活支援型グループハウス「きらくえん倶楽部大桝町」開設
2001年４月	けま喜楽苑特養・グループホームいなの家開設
2005年４月	グループホーム竹原野開設
2006年３月	小規模多機能型居宅介護「たまき喜楽苑」開設
2007年３月	小規模多機能型居宅介護「きらくえん倶楽部大桝町」開設
５月	法人名称を社会福祉法人「きらくえん」に変更
2008年11月	社会福祉法人「きらくえん」設立25周年の集い
2012年４月	KOBE須磨きらくえん開設
10月	喜楽苑地域ケアセンターあんしん24開設
2014年４月	三田きらくえん開設

施設概要

（カッコ内の数字は定員、場所はすべて兵庫県内）

1．喜楽苑　尼崎市長洲西通2丁目8番3号

・特別養護老人ホーム（50人）、

・在宅福祉サービス　ショートステイ（15人）▽デイサービス（一般型30人、認知症対応型12人）▽訪問入浴▽シルバーハウジング生活援助員派遣事業（尼崎市委託）▽配食サービス（介護保険外）

・喜楽苑地域ケアセンターあんしん24　ショートステイ（30人）▽デイサービス（一般型12人、認知症対応型12人）▽ホームヘルプサービス▽地域包括支援センター（尼崎市委託）▽兵庫式24時間LSA地域見守り事業▽定期巡回・随時対応型訪問看護介護

2．いくの喜楽苑　朝来市生野町竹原野240番地

・特別養護老人ホーム（58人）

・ケアハウス（15人）

・認知症高齢者グループホーム（18人）

・小規模多機能型居宅介護（たまき喜楽苑：朝来市和田山町玉置253番地、登録定員25人）

・在宅福祉サービス　ショートステイ（12人）▽デイサービス（一般型10人、元気・とちばら：同市生野町栃原562番地、一般型30人）▽ホームヘルプサービス、居宅介護支援事業▽地域包括支援センター（朝来市委託）▽訪問入浴▽配食サービス（介護保険外）

3．あしや喜楽苑　芦屋市潮見町31-1

・特別養護老人ホーム（80人）

・ケアハウス（特定施設入居者生活介護、30人）

・生活支援型グループハウス　きらくえん倶楽部大桝町（芦屋市大桝町1-8、介護保険除外）

・小規模多機能型居宅介護　きらくえん倶楽部大桝町（芦屋市大桝町1-8、登録定員25人）
・在宅福祉サービス　ショートステイ（20人）▽デイサービス（一般型30人、認知症対応型24人）▽ホームヘルプサービス▽訪問看護・訪問リハビリ▽居宅介護支援事業
・地域包括支援センター（芦屋市委託）
・シルバーハウジング生活援助員派遣事業（芦屋市委託）
・高齢者自立生活支援事業（芦屋市委託）
・配食サービス（芦屋市委託、対象エリア：潮見小学校区）
・地域交流スペース（喫茶・ギャラリー）

4．けま喜楽苑　尼崎市食満2丁目22番1号
・特別養護老人ホーム（55人）
・認知症高齢者グループホーム（18人）
・地域福祉センター　ショートステイ（15人）▽デイサービス（一般型30人、認知症対応型12人）
・ホームヘルプサービス
・居宅介護支援事業
・地域包括支援センター（尼崎市委託）
・配食サービス（介護保険外）

5．KOBE須磨きらくえん　神戸市須磨区車字菅ノ池1351-14
・特別養護老人ホーム（100人）
・ショートステイ（20人）
・デイサービス（一般型30人、認知症対応型12人）
・居宅介護支援事業所
・ホームヘルプサービス
・三田きらくえん：三田市下深田36-36　訪問看護ステーション▽居宅介護支援事業所▽デイサービス（一般型10人）

日本居住福祉学会のご案内

〔 趣 旨 〕

人はすべてこの地球上で生きています。安心できる「居住」は生存・生活・福祉の基礎であり、基本的人権です。私たちの住む住居、居住地、地域、都市、農山漁村、国土などの居住環境そのものが、人々の安全で安心して生き、暮らす基盤に他なりません。

本学会は、「健康・福祉・文化環境」として子孫に受け継がれていく「居住福祉社会」の実現に必要な諸条件を、研究者、専門家、市民、行政等がともに調査研究し、これに資することを目的とします。

〔 活 動 方 針 〕

⑴居住の現実から「住むこと」の意義を調査研究します。

⑵社会における様々な居住をめぐる問題の実態や「居住の権利」「居住福祉」実現に努力する地域を現地に訪ね、住民との交流を通じて、人権、生活、福祉、健康、発達、文化、社会環境等としての居住の条件とそれを可能にする居住福祉政策、まちづくりの実践等について調査研究します。

⑶国際的な居住福祉に関わる制度、政策、国民的取り組み等を調査研究し、連携します。

⑷居住福祉にかかわる諸課題の解決に向け、調査研究の成果を行政改革や政策形成に反映させるように努めます。

「居住福祉叢書」編集委員

編集主査	神野　武美	フリージャーナリスト・元朝日新聞記者
編集委員	早川　和男	神戸大学名誉教授
	大本　圭野	生命地域研究所代表・元東京経済大学教授
	野口　定久	日本福祉大学教授
	岡本　祥浩	中京大学教授
	山口　章夫	㈳伝統芸能継承発展協会副理事長
	全　泓奎	大阪市立大学教授

学会事務局・入会申込先

〒558-8585　大阪市住吉区杉本3-3-138
大阪市立大学　大学院生活科学研究科
野村恭代気付
TEL　06-6605-2913　FAX　06-6605-3086
E-mail　nomura@life.osaka-cu.ac.jp
http://www.geocities.jp/housingwellbeing/
郵便振替口座：00820-3-61783

著者紹介

市川禮子（いちかわ　れいこ）

1974年4月　尼崎市委託事業「ひかり保育所」を開設し所長

1983年4月　社会福祉法人尼崎老人福祉会入職
特別養護老人ホーム「喜楽苑」施設長代行・生活指導員に就任

1988年4月　同法人特別養護老人ホーム「喜楽苑」施設長、法人理事に就任

1992年9月　法人副理事長に就任

2001年1月　法人理事長に就任

2001年4月　「けま喜楽苑」施設長兼務

2002年10月　法人理事長に専任

2003年　「朝日社会福祉賞」受賞

2005年　「兵庫県功労者賞」受賞

【主な著書】『ああ、生きてる感じや！——喜楽苑のめざすノーマライゼーション』（単著、自治体研究社、1993年）
『ユニット　ケアの食事・入浴・排泄ケア』（編著、クリエイツかもがわ、2005年）

取材・編集協力者紹介

神野武美（じんの　たけよし）

日本居住福祉学会理事

フリージャーナリスト、元朝日新聞記者

【主な著書】『居住福祉産業への挑戦』（居住福祉叢書①）（共編著、東信堂、2013年）、『「居住福祉資源」の経済学』（居住福祉ブックレット18）（東信堂、2009年）、ほか

（居住福祉叢書②）ひと・いのち・地域をつなぐ
——社会福祉法人きらくえんの軌跡

2015年6月10日　　初　版第1刷発行　　〔検印省略〕

定価はカバーに表示してあります。

著者©市川禮子／発行者　下田勝司　　印刷・製本／中央精版印刷株式会社

東京都文京区向丘1-20-6　郵便振替00110-6-37828

〒113-0023　TEL (03)3818-5521　FAX (03)3818-5514　発行所 株式会社 東信堂

Published by TOSHINDO PUBLISHING XO., LTD.

1-20-6, Mukougaoka, Bunkyo-ku, Tokyo, 113-0023 Japan

E-mail：tk203444@fsinet.or.jp　　http://www.toshindo-pub.com

ISBN978-4-7989-1301-8 C1336

東信堂

（居住福祉ブックレット）

居住福祉資源発見の旅：新しい福祉空間、懐かしい癒しの場	早川和男	七〇〇円
どこへ行く住宅政策：進む市場化、なくなる居住のセーフティネット	本間義人	七〇〇円
漢字の語源にみる居住福祉の思想	李桓	七〇〇円
日本の居住政策と障害をもつ人	大本圭野	七〇〇円
障害者・高齢者と麦の郷のこころ：住民、そして地域とともに	伊藤静美・田中秀樹・加藤直人	七〇〇円
地場工務店とともに：健康住宅普及への途	山本里見	七〇〇円
子どもの道くさ	水月昭道	七〇〇円
居住福祉法学の構想	吉田邦彦	七〇〇円
奈良町の暮らしと福祉：市民主体のまちづくり	黒田睦子	七〇〇円
精神科医がめざす近隣力再建：進む「子育て」砂漠化、はびこる「付き合い拒否」症候群	中澤正夫	七〇〇円
住むことは生きること：鳥取県西部地震と住宅再建支援	片山善博	七〇〇円
最下流ホームレス村から日本を見れば	ありむら潜	七〇〇円
世界の借家人運動：あなたは住まいのセーフティネットを信じられますか？	髙島一夫	七〇〇円
「居住福祉学」の理論的構築	柳中権・張秀萍	七〇〇円
居住福祉資源発見の旅Ⅱ：地域の福祉力・教育力・防災力	早川和男	七〇〇円
居住福祉の世界：早川和男対談集	早川和男	七〇〇円
医療・福祉の沢内と地域演劇の湯田：岩手県西和賀町のまちづくり	高橋典成・金持伸子	七〇〇円
「居住福祉資源」の経済学	神野武美	七〇〇円
長生きマンション・長生き団地	千代崎一夫・山下千佳	八〇〇円
高齢社会の住まいづくり・まちづくり	蔵田力	七〇〇円
シックハウス病への挑戦：その予防・治療・撲滅のために	後藤三郎・迎田允武	七〇〇円
韓国・居住貧困とのたたかい：居住福祉の実践を歩く	全泓奎	七〇〇円
精神障碍者の居住福祉：宇和島における実践（二〇〇六～二〇一一）	財団法人正光会編	七〇〇円

〒113-0023　東京都文京区向丘 1-20-6　TEL 03-3818-5521　FAX03-3818-5514　振替 00110-6-37828
Email tk203444@fsinet.or.jp　URL:http://www.toshindo-pub.com/

※定価：表示価格（本体）＋税

東信堂

石原慎太郎の社会現象学—亀裂の弁証法	森　元孝	四八〇〇円
理論社会学—社会構築のための媒体と論理	森　元孝	二四〇〇円
貨幣の社会学—経済社会学への招待	森　元孝	一八〇〇円
グローバル化と知的様式—社会科学方法論についての七つのエッセー	J・ガルトゥング／矢澤修次郎・大重光太郎訳	二八〇〇円
社会的自我論の現代的展開	船津　衛	二四〇〇円
社会学の射程—ポストコロニアルな地球市民の社会学へ	庄司興吉	三二〇〇円
地球市民学を創る—地球社会の危機と変革のなかで	庄司興吉編著	三二〇〇円
人間諸科学の形成と制度化	長谷川幸一	三八〇〇円
現代社会と権威主義—フランクフルト学派権威論の再構成	保坂　稔	三六〇〇円
ハンナ・アレント—共通世界と他者	中島道男	二四〇〇円
観察の政治思想—アーレントと判断力	小山花子	二五〇〇円
インターネットの銀河系—ネット時代のビジネスと社会	M・カステル／矢澤・小山訳	三六〇〇円
園田保健社会学の形成と展開	山手　茂・米林喜男・須田木綿子編著	三六〇〇円
社会的健康論	園田恭一	二五〇〇円
保健・医療・福祉の研究・教育・実践	山手　茂・園田恭一・米林喜男編	三四〇〇円
研究道　学的探求の道案内	平岡公一・武川正吾・山田昌弘・黒田浩一郎監修	二八〇〇円
福祉政策の理論と実際（改訂版）福祉社会学研究入門	三重野卓・平岡公一編	二五〇〇円
認知症家族介護を生きる—新しい認知症ケア時代の臨床社会学	井口高志	四二〇〇円
社会福祉における介護時間の研究—タイムスタディ調査の応用	渡邊裕子	五四〇〇円
介護予防支援と福祉コミュニティ	松村直道	二五〇〇円
対人サービスの民営化—行政・営利・非営利の境界線	須田木綿子	二三〇〇円
〈居住福祉叢書〉		
居住福祉産業への挑戦	鈴木静雄・神野武美編	一四〇〇円
ひと・いのち・地域をつなぐ—社会福祉法人きらくえんの軌跡	市川禮子	一八〇〇円

〒113-0023　東京都文京区向丘 1-20-6　TEL 03-3818-5521　FAX03-3818-5514　振替 00110-6-37828
Email tk203444@fsinet.or.jp　URL:http://www.toshindo-pub.com/

※定価：表示価格（本体）＋税

東信堂

〔シリーズ 社会学のアクチュアリティ：批判と創造 全12巻＋2〕

クリティークとしての社会学―現代を批判的に見る眼	西原和久・宇都宮京子編	一八〇〇円
都市社会とリスク―豊かな生活をもとめて	藤田弘夫・浦野正樹編	二〇〇〇円
言説分析の可能性―社会学的方法の迷宮から	佐藤俊樹・友枝敏雄編	二〇〇〇円
グローバル化とアジア社会―ポストコロニアルの地平	新津晃一・吉原直樹編	二三〇〇円
公共政策の社会学―社会的現実との格闘	武川正吾・三重野卓編	二〇〇〇円
社会学のアリーナへ―21世紀社会を読み解く	友枝敏雄・厚東洋輔編	二二〇〇円
モダニティと空間の物語―社会学のフロンティア	吉原直樹・斉藤日出治編	二六〇〇円

〔地域社会学講座 全3巻〕

地域社会学の視座と方法	似田貝香門監修	二五〇〇円
グローバリゼーション／ポスト・モダンと地域社会	古城利明監修	二五〇〇円
地域社会の政策とガバナンス	岩崎信彦・矢澤澄子監修	二七〇〇円

〔シリーズ世界の社会学・日本の社会学〕

タルコット・パーソンズ―最後の近代主義者	中野秀一郎	一八〇〇円
ゲオルグ・ジンメル―現代分化社会における個人と社会	居安正	一八〇〇円
ジョージ・H・ミード―社会的自我論の展開	船津衛	一八〇〇円
アラン・トゥーレーヌ―現代社会のゆくえと新しい社会運動	杉山光信	一八〇〇円
アルフレッド・シュッツ―主観的時間と社会的空間	森元孝	一八〇〇円
エミール・デュルケム―社会の道徳的再建と社会学	中島道男	一八〇〇円
レイモン・アロン―危機の時代の透徹した警世家	岩城完之	一八〇〇円
フェルディナンド・テンニエス―ゲゼルシャフトとゲマインシャフト	吉田浩	一八〇〇円
カール・マンハイム―時代を診断する亡命者	澤井敦	一八〇〇円
ロバート・リンド―アメリカ文化の内省的批判者	園部雅久	一八〇〇円
アントニオ・グラムシ―『獄中ノート』と批判社会学の生成	鈴木富久	一八〇〇円
費孝通―民族自省の社会学	佐々木衞	一八〇〇円
奥井復太郎―都市社会学と生活論の創始者	藤田弘夫	一八〇〇円
新明正道―綜合社会学の探究	山本鎭雄	一八〇〇円
米田庄太郎―新総合社会学の先駆者	中久郎	一八〇〇円
高田保馬―理論と政策の無媒介的統一	北島滋	一八〇〇円
戸田貞三―家族研究・実証社会学の軌跡	川合隆男	一八〇〇円
福武直―民主化と社会学の現実化を推進	蓮見音彦	一八〇〇円

〒113-0023 東京都文京区向丘 1-20-6　TEL 03-3818-5521　FAX03-3818-5514　振替 00110-6-37828
Email tk203444@fsinet.or.jp　URL:http://www.toshindo-pub.com/

※定価：表示価格（本体）＋税

東信堂

ハンス・ヨナス「回想記」	H・ヨナス 盛永・木下・馬渕・山本訳	四八〇〇円
責任という原理—科学技術文明のための倫理学の試み〔新装版〕	H・ヨナス 加藤尚武監訳	四八〇〇円
原子力と倫理—原子力時代の自己理解	Th・リット 小笠原道雄編	一八〇〇円
生命科学とバイオセキュリティ—デュアルユース・ジレンマとその対応	四ノ宮成祥・河原直人編著	二四〇〇円
バイオエシックス入門〔第3版〕	今井道夫・香川知晶編	二三八一円
バイオエシックスの展望	坂井昭宏・松浦悦子編著	三二〇〇円
医学の歴史	今井道夫・石渡隆司監訳	四六〇〇円
死の質—エンド・オブ・ライフケア世界ランキング	丸祐一・小野谷・加奈恵・飯田亘之訳	一二〇〇円
生命の神聖性説批判	H・クーゼ著 飯田・石川・小野谷・片桐・水野訳	四六〇〇円
医療・看護倫理の要点	水野俊誠	二〇〇〇円
概念と個別性—スピノザ哲学研究	朝倉友海	四六四〇円
〈現われ〉とその秩序—メーヌ・ド・ビラン研究	村松正隆	三八〇〇円
省みることの哲学—ジャン・ナベール研究	越門勝彦	三二〇〇円
ミシェル・フーコー—批判的実証主義と主体性の哲学	手塚博	三二〇〇円
カンデライオ（ジョルダーノ・ブルーノ著作集 1巻）	加藤守通訳	三二〇〇円
原因・原理・一者について（ジョルダーノ・ブルーノ著作集 3巻）	加藤守通訳	三二〇〇円
傲れる野獣の追放（ジョルダーノ・ブルーノ著作集 5巻）	加藤守通訳	四八〇〇円
英雄的狂気（ジョルダーノ・ブルーノ著作集 7巻）	加藤守通訳	三六〇〇円

〔哲学への誘い—新しい形を求めて　全5巻〕

哲学の立ち位置	松永澄夫・鈴木泉編	三二〇〇円
哲学の振る舞い	松永澄夫・村瀬鋼編	三二〇〇円
社会の中の哲学	松永澄夫・高橋克也編	三二〇〇円
世界経験の枠組み	松永澄夫・伊佐敷隆弘編	三二〇〇円
自己	松永澄夫・浅田淳一編	三二〇〇円
価値・意味・秩序—もう一つの哲学概論：哲学が考えるべきこと	松永澄夫	三九〇〇円
哲学史を読むⅠ・Ⅱ	松永澄夫	各三八〇〇円
言葉は社会を動かすか	松永澄夫編	二三〇〇円
言葉の働く場所	松永澄夫編	二三〇〇円
食を料理する—哲学的考察	松永澄夫	二〇〇〇円
言葉の力（音の経験・言葉の力第Ⅰ部）	松永澄夫	二五〇〇円
音の経験（音の経験・言葉の力第Ⅱ部）—言葉はどのようにして可能となるのか	松永澄夫	二八〇〇円

〒113-0023　東京都文京区向丘 1-20-6　TEL 03-3818-5521　FAX03-3818-5514　振替 00110-6-37828
Email tk203444@fsinet.or.jp　URL:http://www.toshindo-pub.com/

※定価：表示価格（本体）＋税